DIREITO DO TRABALHO NO STF

4

"Cada um de nós vê o mundo com os olhos que tem, e os olhos vêem o que querem, os olhos fazem a diversidade do mundo e fabricam as maravilhas, ainda que sejam de pedra, e as altas proas, ainda que sejam de ilusão"

(José Saramago. A jangada de pedra*)*

À

ELZA,

minha mulher e companheira,

a benção que Deus deu a minha vida,

com amor e gratidão,

ontem, hoje e sempre.

GEORGENOR DE SOUSA FRANCO FILHO

Juiz Togado do Tribunal Regional do Trabalho da 8ª Região,
Doutor em Direito pela Faculdade de Direito da Universidade de São Paulo,
Professor Titular de Direito Internacional e de Direito do Trabalho
da Universidade da Amazônia,
Membro da Academia Paraense de Letras,
da Academia Nacional de Direito do Trabalho,
da Sociedade Brasileira de Direito Internacional
e da International Law Association.

DIREITO DO TRABALHO NO STF

4

EDITORA LTr®
SÃO PAULO

Dados Internacionais de Catalogação na Publicação (CIP)
(Câmara Brasileira do Livro, SP, Brasil)

Franco Filho, Georgenor de Sousa, 1952-
Direito do trabalho no STF (4) / Georgenor de Sousa Franco Filho. — São Paulo : LTr, 2001.

ISBN 85-361-0104-0

1. Brasil. Supremo Tribunal Federal 2. Direito do trabalho 3. Direito do trabalho — Brasil I. Título.

01-2476 CDU-34:331.347.991(81)

Índices para catálogo sistemático:

1. Brasil : Direito do trabalho : Supremo Tribunal Federal 34:331:347.991(81)

Editoração Eletrônica: **LINOTEC**
Capa: **ELIANA DO CARMO COSTA**
Impressão: **BOOK-RJ**

(Cód. 2336.7)

LTr®

EDITORA LTDA.

Rua Apa, 165 - CEP 01201-904 - Fone (11) 826-2788 - Fax (11) 826-9180
São Paulo, SP - Brasil - www.ltr.com.br

2001

PRINCIPAIS OBRAS DO AUTOR:

De autoria exclusiva:

Direito do Mar. Belém, Imprensa Oficial do Estado do Pará, 1974 (esgotado).

A proteção internacional aos direitos humanos. Belém, Imprensa Oficial do Estado do Pará, 1975 (esgotado).

O Pacto Amazônico: idéias e conceitos. Belém, Falângola, 1979 (esgotado).

Imunidade de jurisdição trabalhista dos entes de Direito Internacional Público (Prêmio "Oscar Saraiva" do Tribunal Superior do Trabalho). São Paulo, LTr, 1986.

Na vivência do Direito Internacional. Belém, Cejup, 1987.

Na Academia: imortal por destino. Mosaico cultural (em colaboração). Belém, Falângola, 1987.

Guia prático do trabalho doméstico. Belém, Cejup, 1989.

A arbitragem e os conflitos coletivos de trabalho no Brasil. São Paulo, LTr, 1990.

Liberdade sindical e direito de greve no direito comparado (lineamentos). São Paulo, LTr, 1992.

Relações de trabalho na Pan-Amazônia: a circulação de trabalhadores (Tese de Doutorado na Faculdade de Direito da Universidade de São Paulo). São Paulo, LTr, 1996.

A nova lei de arbitragem e as relações de trabalho. São Paulo, LTr, 1997.

Globalização & desemprego: mudanças nas relações de trabalho. São Paulo, LTr, 1998.

Direito do Trabalho no STF (1). São Paulo, LTr, 1998.

Competência Internacional da Justiça do Trabalho. São Paulo, LTr, 1998.

O servidor público e a reforma administrativa. São Paulo, LTr, 1998.

Direito do Trabalho no STF (2). São Paulo, LTr, 1999.

Tratados internacionais. São Paulo, LTr, 1999.

Direito do Trabalho no STF (3). São Paulo, LTr, 2000.

Globalização do Trabalho: rua sem saída. São Paulo, LTr, 2001.

Obras coordenadas:

Direito do trabalho e a nova ordem constitucional. São Paulo, LTr, 1991.

Curso de direito coletivo do trabalho (Estudos em homenagem ao Ministro Orlando Teixeira da Costa). São Paulo, LTr, 1998.

Presente e futuro das relações de trabalho (Estudos em homenagem ao Prof. Roberto Araújo de Oliveira Santos). São Paulo, LTr, 2000.

Em co-autoria:

Estudos de direito do trabalho (*homenagem ao Prof. Júlio Malhadas*) (Coordenação: Profª. Anna Maria de Toledo Coelho). Curitiba, Juruá, 1992.

Processo do trabalho (homenagem ao Prof. José Augusto Rodrigues Pinto) (Coordenação: Dr. Rodolfo Pamplona Filho). São Paulo, LTr, 1997.

Estudos de direito do trabalho e processo do trabalho (homenagem ao Prof. J. L. Ferreira Prunes) (Coordenação: Drs. Juraci Galvão Júnior e Gelson de Azevedo). São Paulo, LTr, 1998.

Manual de direito do trabalho (*homenagem ao Prof. Cássio Mesquita Barros Júnior*) (Coordenação: Dr. Bento Herculano Duarte Neto). São Paulo, LTr, 1998.

Direito internacional no Terceiro Milênio (*homenagem ao Prof. Vicente Marotta Rangel*) (Coordenação: Profs. Luiz Olavo Baptista e J. R. Franco da Fonseca). São Paulo, LTr, 1998.

Direito do Trabalho (*homenagem ao Prof. Luiz de Pinho Pedreira da Silva*) (Coordenação: Drs. Lélia Guimarães Carvalho Ribeiro e Rodolfo Pamplona Filho). São Paulo, LTr, 1998.

Estudos de Direito (*homenagem ao Prof. Washington Luiz da Trindade*) (Coordenação: Drs. Antônio Carlos de Oliveira e Rodolfo Pamplona Filho). São Paulo, LTr, 1998.

Direito sindical brasileiro (*homenagem ao Prof. Arion Sayão Romita*) (Coordenação: Dr. Ney Prado). São Paulo, LTr, 1998.

Ordem econômica e social (homenagem ao Prof. Ary Brandão de Oliveira) (Coordenação: Dr. Fernando Facury Scaff). São Paulo, LTr, 1999.

Fundamentos do direito do trabalho (homenagem ao Ministro Milton de Moura França). (Coordenação: Drs. Francisco Alberto da Motta Peixoto Giordani, Melchíades Rodrigues Martins e Tárcio José Vidotti). São Paulo, LTr, 2000.

Temas relevantes de direito material e processual do trabalho (homenagem ao Prof. Pedro Paulo Teixeira Manus) (Coordenação: Drs. Carla Teresa Martins Romar e Otávio Augusto Reis de Sousa). São Paulo, LTr, 2000.

O Direito do Trabalho na sociedade contemporânea (Coordenação: Dras. Yone Frediani & Jane Granzoto Torres da Silva). São Paulo, Jurídica Brasileira, 2001.

SUMÁRIO

INTRODUÇÃO

Estamos apresentando o volume 4 de *Direito do Trabalho no STF*, coletânea dos principais julgados da Suprema Corte brasileira em matéria trabalhista e temas correlatos. Iniciada em 1998, em atendimento a honroso convite do ilustre Dr. *Armando Casimiro Costa*, com a chancela da sua (e também de todos que estudamos Direito do Trabalho) LTr, vem, a cada ano, tentando demonstrar o entendimento da jurisprudência brasileira, através de uma instância jurisdicional mais elevada, quanto aos temas mais relevantes ligados às questões sociais.

Como no número 3, este volume apresenta-se dividido em cinco partes. Na primeira, estão precedentes sobre os *Direitos individuais,* inclusive o texto integral do acórdão que reconheceu aos trabalhadores o direito de terem os depósitos de suas contas vinculadas de FGTS corrigidos mediante a aplicação de índices de diversos planos econômicos que foram tentados no Brasil. Em seguida, são transcritos arestos relativos aos *Direitos coletivos*, chamando atenção os que cuidam de liberdade sindical e de legitimidade processual. Na terceira parte, que cuida de *Sireito Processual*, mais de uma dezena de precedentes são transcritos, realçando-se os que tratam da nova estrutura da Justiça do Trabalho, com o término da representação classista, do procedimento sumaríssimo, implantado no início do ano 2000 e do pressuposto de admissibilidade de recurso extraordinário. Na quarta, tratando do *serviço público*, são apresentados julgados importantes para o trabalhador do setor público, sobretudo as decisões do Excelso Pretório relativas ao exame das decisões administrativas dos Tribunais Regionais do Trabalho brasileiros que determinaram o recálculo dos vencimentos, em decorrência da URV. Finalmente, a quinta parte aborda *outros temas*, inclusive casos de proposição de ações declaratórias de inconstitucionalidade e de Previdência Social.

São mais de meia centena de julgados do Supremo Tribunal Federal, além de alguns despachos da Presidência do C. Tribunal Superior do Trabalho. que demonstram a preocupação dos eminentes Ministros integrantes das Cortes Superiores de nosso País com o dia-a-dia do Direito do Trabalho e com a sociedade brasileira.

Intérprete máximo da nossa Constituição, a Suprema Corte indica o norte que todos devemos seguir. Como tenho acentuado nos números anteriores, por vezes essas decisões descontentam a alguns, são passíveis de críticas, todavia, ressalvando o entendimento pessoal de cada qual, todos devemos nos curvar a elas. Isto é a essência do regime democrático. A verdadeira democracia não pode ser conquistada e conservada senão com o respeito e o cumprimento das decisões do Judiciário, máxime de sua instância mais elevada.

Não objetiva este livro ser uma obra doutrinaria. Reitero o que venho afirmando desde o número 1: trata-se de uma coletânea de julgados com pequenos e despretensiosos comentários, destinados a facilitar a consulta e o entendimento do decisório transcrito.

Desejo renovar meu agradecimento ao prezado amigo Dr. *Armando Casimiro Costa* e a toda a família da LTr Editora, que permanentemente me tem acolhido, com espírito fraternal, na sempre querida e amada cidade de São Paulo. Da mesma maneira, manifesto minha gratidão especial ao Dr. *Lineo Ferreira de Mello*, meu dedicado assistente no E. Tribunal Regional do Trabalho da 8ª Região, cuja colaboração foi indispensável à conclusão deste volume.

Derradeiramente, aos que compõem o meu mundo íntimo, a minha riqueza maior, a minha família: *Elza*, minha formidável companheira, e meus filhos, *Carolina* e *Georgenor Neto*, a quem dedico tudo o que tenho produzido no campo do Direito

Belém, 30 de janeiro de 2001

Georgenor de Sousa Franco Filho

PARTE I

DIREITOS INDIVIDUAIS

1. ADICIONAL DE INSALUBRIDADE — NÃO VINCULAÇÃO AO SALÁRIO MÍNIMO

O tema relativo ao cálculo do adicional de insalubridade tem, permanentemente, suscitado controvérsias. Em volumes precedentes, demonstramos algumas divergências[1].

Conquanto o entendimento do C. TST seja no sentido de que a base de cálculo desse adicional deva ser o salário mínimo (Orientação Jurisprudencial n. 2), diverso o entendimento do Excelso Pretório.

O *decisum* a seguir (RE 227.410-9), da 1ª Turma da Suprema Corte, julgado a 7.12.1999, da lavra do Min. Moreira Alves, demonstra essa impossibilidade:

> *"Adicional de insalubridade.*
>
> *— Esta Primeira Turma, julgando casos análogos ao presente, tem decidido no sentido que assim está resumido na ementa do acórdão prolatado no RE 208.684:*
>
> *'Adicional de insalubridade. Art. 3º da Lei Complementar n. 432/85 do Estado de São Paulo. Sua revogação pelo art. 7º, IV, da Constituição de 1988.*
>
> *O art. 7º, IV, da Constituição de 1988 dispõe que é vedada a vinculação do salário mínimo para qualquer fim. Essa norma tem, evidentemente, caráter de vedação absoluta, tendo em vista que sua finalidade foi, precipuamente, a de não permitir que, sendo ele utilizado como parâmetro indexador de obrigação de qualquer natureza, se criassem dificuldades para os aumentos efetivos do valor deste pela extensão de seu reflexo ocasionado por essa utilização.*

---

[1] V. vol. 2, pp. 15-20 e vol. 3, pp. 13-14, desta coletânea.

Por isso, esta Primeira Turma, ainda recentemente, ao julgar o RE 236.396 relativo, no âmbito trabalhista, a adicional de insalubridade fixado em determinado percentual do salário mínimo, entendeu que foi contrariado o disposto no citado art. 7º, IV, da Constituição de 1988.

Tem-se, pois, que, por incompatibilidade superveniente com esse dispositivo constitucional, foi o art. 3º da Lei Complementar n. 432/85 do Estado de São Paulo revogado por ele.

Recurso extraordinário conhecido e provido.'

Dessa orientação divergiu o acórdão recorrido."[2]

---

[2] RE 227.410-9-SP, de 7.12.1999 (Estado de São Paulo *vs.* Adelci Mara de Oliveira Gonçalves e outros). Rel.: Min. Moreira Alves (DJ n. 45-E, Seção 1, de 3.3.2000, p. 90). No mesmo sentido: RE 219.352-3-SP (Estado de São Paulo *vs.* Sérgio Aurélio Pereira e Outro). Rel.: Min. Nelson Jobim (DJ n. 221-E, Seção 1, de 17.11.2000, p. 47).

2. *ADICIONAL DE PERICULOSIDADE — PERCEPÇÃO — INEXISTÊNCIA DE MATÉRIA CONSTITUCIONAL*

O cálculo do adicional de periculosidade quanto à sua incidência ainda tem suscitado a interposição de recursos extraordinários, em que pese ser cediço o entendimento no sentido de que é devido na sua integralidade. Neste sentido, o Enunciado n. 361, do C. TST[3].

Debalde, os apelos extraordinários persistem, dificultando ainda mais a celeridade dos julgamentos da Corte Suprema, assoberbada com a necessidade de repetir julgados. *In casu*, a posição da Alta Corte é no sentido de que não há malferimento da Carta Constitucional, o que inviabiliza o processamento de recursos extremos.

A decisão abaixo, proferida no AI 266-186-4-GO, de 13.11.2000, da lavra do Min. Celso de Mello, renova esse entendimento, *verbis*:

> *"O recurso extraordinário — a que se refere o* presente *agravo de instrumento — foi interposto contra acórdão proferido pelo Tribunal Superior do Trabalho que* reconheceu, *em favor da parte ora agravada, o direito à percepção,* na sua forma integral*, do adicional de periculosidade.*
>
> A jurisprudência do *Supremo Tribunal Federal, a propósito dessa questão, e em contexto* idêntico *ao da presente causa, firmou entendimento no sentido de que a controvérsia suscitada* tem natureza infraconstitucional *e que,* na espécie*, a suposta ofensa ao texto constitucio-*

[3] V. vol. 3, pp. 15-17, desta coletânea.

nal, acaso existente, *apresentar-se-ia por via reflexa (*Ag 254.035-GO, *Rel. Min. Néri da Silveira* — Ag 254.389-MG, *Rel. Min. Néri da Silveira* — Ag 276.151-ES, *Rel. Min. Sydney Sanches* — Ag 276.740-GO, *Rel. Min. Néri da Silveira,* v.g.*).*

Esta Corte, de outro lado, *deixou assentado que as* alegações *de desrespeito aos postulados da legalidade, da motivação dos atos decisórios, do contraditório, do devido processo legal, dos limites da coisa julgada e da prestação jurisdicional* podem *configurar,* quando muito, *situações caracterizadoras de ofensa meramente* reflexa *ao texto da Constituição (*Ag 158.928-PR (AgRg), *Rel. Min. Sydney Sanches* — Ag 182.811-SP, *Rel. Min. Celso de Mello* — Ag 174.473-MG, *Rel. Min. Celso de Mello* — Ag 188.762-PR (AgRg), *Rel. Min. Sydney Sanches* — Ag 165.054-SP, *Rel. Min. Celso de Mello* — RE 236.333-DF, *Rel. Min. Marco Aurélio,* v.g.*),* hipóteses *em que também* não *se revela cabível o recurso extraordinário.*

Desse modo, não se tratando *de conflito direto e frontal com o texto da Constituição, como* exigido *pela jurisprudência do Supremo Tribunal Federal (*RTJ 120/912, *Rel. Min. Sydney Sanches* — RTJ 132/455, *Rel. Min. Celso de Mello), torna-se* insuscetível *de conhecimento o recurso extraordinário a que se refere o* presente *agravo de instrumento.*

Sendo assim, *e pelas razões expostas,* nego *provimento a* este *agravo de instrumento.*

Publique-se."[4]

[4] AI 266.186-4-GO, de 13.11.2000 (Telecomunicações de Goiás S/A *vs.* Sindicato dos Trabalhadores em Telecomunicações nos Estados de Goiás e Tocantins — SINTTEL/GO/TO). Rel.: Celso de Mello (DJ n. 240-E, Seção 1, de 14.12.2000, p. 25).

3. *FGTS — CORREÇÃO MONETÁRIA — PLANOS ECONÔMICOS*

A conclusão do julgamento do RE 226.855-7-RS teve grande importância para a jurisprudência nacional. Discutiu o Excelso Pretório, em sua composição plenária, sobre a correção monetária nas contas vinculadas do Fundo de Garantia do Tempo de Serviço (FGTS) decorrente dos planos econômicos conhecidos como *Bresser*, *Verão*, *Collor I* e *Collor 2*.

Ganhou espaço na mídia, deixou o Governo Federal preocupado com o futuro da economia, reconfortou os trabalhadores, que, ao cabo, têm sido, não raro, os grandes apenados com tentativas infrutíferas de reorganizar a economia do País.

O julgamento, iniciado na sessão de 12 de abril de 2000, prosseguiu por outras quatro sessões, concluindo-se a 31 de agosto de 2000, quando foi proferida a decisão a seguir:

> *"O Tribunal, por maioria, não conheceu do recurso extraordinário relativamente ao Plano Verão (janeiro/89) e ao Plano Collor I (abril/90); conheceu em parte, e, na parte conhecida, deu provimento ao recurso no que concerne aos Planos Bresser (julho/87), Collor I (maio/90), Collor II (fevereiro/91), vencido, em parte, o Senhor Ministro Ilmar Galvão que, quanto ao Plano Collor I, conhecia e provia o recurso relativamente aos saldos superiores a NCz$ 50.000,00 (cinqüenta mil cruzados novos), e vencidos, também em parte, os Senhores Ministros Marco Aurélio, Sepúlveda Pertence e Néri da Silveira, que não conheciam integralmente do recurso extraordinário. Votou o Presidente. Ausente, justificadamente, o Senhor Ministro Celso de Mello. Plenário, 31.8.2000."*

O julgado, que teve como Relator o Min. Moreira Alves, está assim ementado:

"Fundo de Garantia por Tempo de Serviço — FGTS. Natureza jurídica e direito adquirido. Correções monetárias decorrentes dos planos econômicos conhecidos pela denominação Bresser, Verão, Collor I (no concernente aos meses de abril e de maio de 1990) e Collor II.

— O Fundo de Garantia por Tempo de Serviço (FGTS), ao contrário do que sucede com as cadernetas de poupança, não tem natureza contratual, mas, sim, estatutária, por decorrer da lei e por ela ser disciplinado.

— Assim, é de aplicar-se a ele a firme jurisprudência desta Corte no sentido de que não há direito adquirido a regime jurídico.

— Quanto à atualização dos saldos do FGTS relativos aos Planos Verão e Collor I (este no que diz respeito ao mês de abril de 1990), não há questão de direito adquirido a ser examinada, situando-se a matéria exclusivamente no terreno legal infraconstitucional.

— No tocante, porém, aos Planos Bresser, Collor I (quanto ao mês de maio de 1990) e Collor II, em que a decisão recorrida se fundou na existência de direito adquirido aos índices de correção que mandou observar, é de aplicar-se o princípio de que não há direito adquirido a regime jurídico.

Recurso extraordinário conhecido em parte, e nela provido, para afastar da condenação as atualizações dos saldos do FGTS no tocante aos Planos Bresser, Collor I (apenas quanto à atualização no mês de maio de 1990) e Collor II."[5]

---

[5] RE 226.855-7-RS, de 31.8.2000 (Caixa Econômica Federal — CEF *vs.* Ademar Gomes Mota e outros. Assistência: União Federal) Rel.: Min. Moreira Alves (DJ n. 198-E, Seção 1, de 13.10.2000, p. 20). No mesmo sentido: RE 274.191-4-SC, de 25.9.2000 (Caixa Econômica Federal — CEF *vs.* Arlindo Santana e outros). Rel.: Min. Sepúlveda Pertence (DJ n. 189-E, Seção 1, de 29.9.2000, pp. 128-30); RE 246.667-1-SC, de 18.9.2000 (Caixa Econômica Federal — CEF *vs.* Osnilda da Rosa e outros). Rel.: Min.: Moreira Alves (DJ n. 198-E, Seção 1 de 13.10.2000, p. 39); RE 246.998-8-RS, de 21.9.2000 (Caixa Econômica Federal — CEF *vs.* Marta Rejane

O acórdão, por sua inegável importância histórica, é transcrito, a seguir, na integra:

"1. Das questões constitucionais invocadas no recurso extraordinário, a única que foi prequestionada é a rela-

---

Oliveira da Silva). Rel.: Min. Moreira Alves (DJ n. 198-E, Seção 1, de 13.10.2000, p. 39); RE 247.044-9-PR, de 20.9.2000 (Caixa Econômica Federal — CEF *vs.* Benedito Xavier da Silva e outros e União Federal). Rel.: Min. Sepúlveda Pertence (DJ n. 198-E, Seção 1, de 13.10.2000, p. 39); RE 247.546-7-SC, de 18.9.2000 (Caixa Econômica Federal *vs.* Mário Marinho Mafra e outros). Rel.: Min. Moreira Alves (DJ n. 198-E, Seção 1, de 13.10.2000, p. 39); RE 247.643-9-RS, de 21.9.2000 (Caixa Econômica Federal — CEF *vs.* Marlene Vogt Niedermeyer e outras). Rel.: Min.: Sepúlveda Pertence (DJ n. 198-E, Seção 1, de 13.10.2000, p. 39); RE 247.662-5-RS, de 20.9.2000 (Caixa Econômica Federal — CEF *vs.* Antônio José da Silva e outros). Rel.: Min. Sepúlveda Pertence (DJ n. 198-E, Seção 1, de 13.10.2000, p. 39); RE 247.731-1-RS (Caixa Econômica Federal — CEF *vs.* José Luiz Bonatto Camillo e outros) Rel.: Min. Sepúlveda Pertence (DJ n. 198-E, Seção 1, de 13.10.2000, p. 39); RE 247.865-2-SC, de 21.9.2000 (Caixa Econômica Federal — CEF *vs.* Claudir Antônio Bernardi e outro). Rel.: Min. Sepúlveda Pertence (DJ n. 198-E, Seção 1, de 13.10.2000, p. 39); RE 248.027-4-SC de 19.9.2000 (Caixa Econômica Federal — CEF *vs.* Ivete Duarte Godoi). Rel. Min. Moreira Alves (DJ n. 198-E, Seção 1, de 13.10.2000, pp.39-40); RE 248.445-8-PR, de 19.9.2000 (Caixa Econômica Federal — CEF *vs.* Ana Rosa da Silva e outros). Rel.: Min. Moreira Alves (DJ n. 198-E, Seção 1, de 13.10.2000, p. 40); RE 248.458-0-SC, de 20.9.2000 (Caixa Econômica Federal — CEF *vs.* Renildo Konell e outros e União Federal). Rel.: Min. Sepúlveda Pertence (DJ n. 198-E, Seção 1, de 13.10.2000, p. 40); RE 248.480-6-RS, de 20.9.2000 (Caixa Econômica Federal — CEF *vs.* Renildo Konell e outros e União Federal). Rel.: Min. Sepúlveda Pertence (DJ n. 198-E, Seção 1, de 13.10.2000, p. 40); RE 248.480-6-RS, de 19.9.2000 (Caixa Econômica Federal — CEF *vs.* Vilmarim Meneses Souza e outros). Rel.: Min. Sepúlveda Pertence (DJ n. 198-E, Seção 1, de 13.10.2000, p. 40); RE 248.525-0-RS, de 18.9.2000 (Caixa Econômica Federal — CEF *vs.* José Ery Antunes Lima e outros). Rel.: Min. Moreira Alves (DJ n. 198-E, Seção 1, de 13.10.2000, p. 40); RE 249.025-3-RS, de 18.9.2000 (Caixa Econômica Federal — CEF *vs.* Domingos Bacon). Rel.: Min. Moreira Alves (DJ n. 198-E, Seção 1, de 18.9.2000, p. 40); RE 249.142-0-RS, de 18.9.2000 (Caixa Econômica Federal — CEF *vs.* Tânia Maria Quaresma Torres e outros). Rel.: Min. Moreira Alves (DJ n. 198-E, Seção 1, de 13.9.2000, p. 40); RE 249.277-9-RS, de 18.9.2000 (Caixa Econômica Federal — CEF *vs.* Dilce Maria Scalon Maso e outros). Rel.: Min. Moreira Alves (DJ n. 198-E, Seção 1, de 13.10.2000, p. 40); RE 283.499-8-RN, de 21.11.2000 (Caixa Econômica Federal — CEF *vs.* Marcos Antonio Monte da Silva). Rel.: Sydney Sanches (DJ n. 240-E, Seção 1, de 14.12.2000, p. 51); RE 283.655-9-AM, de 27.11.2000 (Caixa Econômica Federal — CEF *vs.* Jaqueline do Nascimento Couteiro e outros). Rel.: Min. Ilmar Galvão (DJ n. 240-E, Seção 1, de 14.12.2000, p. 51); RE 284.191-9-MG, de 27.11.2000 (Caixa Econômica Federal — CEF *vs.* Carlos Alves Ferreira e outros). Rel.: Min. Ilmar Galvão (DJ n. 240-E, Seção 1, de 14.12.2000, p. 51); RE 284.364-4-MG, de 7.11.2000 (Caixa Econômica Federal — CEF *vs.* Luiz Gonzaga dos Passos). Rel.: Min. Nelson Jobim (DJ n. 240-E, Seção 1, de 14.12.2000, p. 52); RE 284.446-2-MG, de 7.11.2000 (Caixa Econômica Federal — CEF *vs.* José Sávio Vieira e outros). Rel.: Min. Nelson Jobim (DJ n. 240-E, Seção 1, de 14.12.2000, p. 52); RE 284.554-0-MG, de 7.11.2000 (Caixa Econômica Federal — CEF *vs.* Carmelita da Silva Gomes e outras). Rel.: Min. Nelson Jobim (DJ n. 240-E, Seção 1, de 14.12.2000 p. 52); RE 284.602-3-DF, de *tiva à ofensa ao art. 5º, XXXVI, da Constituição, sob o fundamento de que, no caso, inexiste o direito adquirido reconhecido pelo acórdão contra o qual se insurge o recurso extraordinário.*

28.11.2000 (Caixa Econômica Federal — CEF *vs.* Paulo Cesar Figueiredo Pereira e outros). Rel.: Min. Sepúlveda Pertence (DJ n. 240-E, Seção 1, de 14.12.2000, p. 52); AI 306.439-1-RS, de 24.11.2000 (Caixa Econômica Federal — CEF *vs.* Werno Warly Zundler). Rel.: Min.: Sepúlveda Pertence (DJ n. 240-E, Seção 1, de 14.12.2000, p. 42); AI 307.336-9-RS, de 23.11.2000 (Caixa Econômica Federal — CEF *vs.* Noé Gomes da Silva e outros). Rel.: Min. Sepúlveda Pertence (DJ n. 240-E, Seção 1, de 14.12.2000, p. 42); AI 305.933-1-RS, de 22.11.2000 (Caixa Econômica Federal — CEF *vs.* Rosemari Cardoso Luiz e outros). Rel.: Min. Ilmar Galvão (DJ n. 240-E, Seção 1, de 14.12.2000, p. 41); AI 308.850-0-PR, de 24.11.2000 (Caixa Econômica Federal — CEF *vs.* Eliane Canuto Gouveia e outros). Rel.: Min. Sepúlveda Pertence (DJ n. 240-E, Seção 1, de 14.12.2000, p. 45); AI 308.986-8-RS, de 24.11.2000 (Caixa Econômica Federal — CEF *vs.* Marlene Fernandes Martins e outros). Rel.: Min. Sepúlveda Pertence (DJ n. 240-E, Seção 1, de 14.12.2000, p. 45); AI 308.312-1-SC, de 24.11.2000 (Caixa Econômica Federal — CEF *vs.* Maria da Graça Martins e outros). Rel.: Min. Sepúlveda Pertence (DJ n. 240-E, Seção 1, de 14.12.2000, p. 44); AI 308.396-1-PR, de 24.11.2000 (Caixa Econômica Federal — CEF *vs.* Abrahão Lincon da Silva e outros). Rel.: Min. Sepúlveda Pertence (DJ n. 240-E, Seção 1, de 14.12.2000, p. 44); AI 307.864-1-RS (Caixa Econômica Federal — CEF *vs.* Iracema Dietrich de Lima e outros). Rel.: Min. Min. Sepúlveda Pertence (DJ n. 240-E, Seção 1, de 14.12.2000, p. 43); AI 307.435-7-RS, de 23.11.2000 (Caixa Econômica Federal — CEF *vs.* Avelino Coletto e outros). Rel.: Min. Sepúlveda Pertence (DJ n. 240-E, Seção 1, de 14.12.2000, p. 43); AI 307.882-9-RS, de 22.11.2000 (Caixa Econômica Federal — CEF *vs.* José Cândido Folharim e outros). Rel.: Min. Ilmar Galvão (DJ n. 240-E, Seção 1, de 14.12.2000, p. 43); AI 307.903-1-SC, de 23.11.2000 (Caixa Econômica Federal — CEF *vs.* Odemia Cecilia Kleinibing Ló e outros). Rel.: Min. Sepúlveda Pertence (DJ n. 240-E, Seção 1, de 14.12.2000, p. 43); RE 265.858-8-RN, de 28.11.2000 (Caixa Econômica Federal — CEF *vs.* Francisco Hélio da Costa). Rel.: Min. Ilmar Galvão (DJ n. 240-E, Seção 1, de 14.12.2000, p. 48); RE 266.337-9-SP, de 28.11.2000 (Caixa Econômica Federal — CEF *vs.* Luiz Rocha Sobrinho e outros). Rel.: Min. Ilmar Galvão (DJ n. 240-E, Seção 1, de 14.12.2000, p. 49); RE 271.930-7-RN (Caixa Econômica Federal — CEF *vs.* Raimundo Nonato Reis e Silva e outros). Rel.: Min. Ilmar Galvão (DJ n. 240-E, Seção 1, de 14.12.2000, p. 49); RE 286.474-9-RJ, de 24.11.2000 (Instituto Nacional do Seguro Social — INSS *vs.* Ademar Guimarães Ferraz). Rel.: Min. Celso de Mello (DJ n. 241-E, Seção 1, de 15.12.2000, p. 209); RE 286.580-0-CE, de 27.11.2000 (Caixa Econômica Federal — CEF *vs.* Maria do Carmo Honório da Mota e outros). Rel.: Min. Celso de Mello (DJ n. 241-E, Seção 1, de 15.12.2000, p. 209); RE 286.619-9-PB, de 23.11.2000 (Caixa Econômica Federal — CEF *vs.* Sylvana Villar Santos Gregório de Andrade). Rel.: Min. Nelson Jobim (DJ n. 241-E, Seção 1, de 15.12.2000, p. 209); RE 286.608-3-MG, de 29.11.2000 (Caixa Econômica Federal — CEF *vs.* Ismael dos Santos e outros). Rel.: Min. Sepúlveda Pertence (DJ n. 241-E, Seção 1, de 15.12.2000, p. 209); RE 286.631-8-RS, de 23.11.2000 (Caixa Econômica Federal — CEF *vs.* Rosemari Moesch). Rel.: Min. Celso de Mello (DJ n. 241-E, Seção 1, de 15.12.2000, p. 210); RE 286.625-3-SC, de 27.11.2000 (Caixa Econômica Federal — CEF *vs.* Adilson Strait e outros). Rel.: Min. Celso de Mello (DJ n. 241-E, Seção 1, de 15.12.2000, p. 210); RE 286.626-1-SC, de 27.11.2000 (Caixa Econômica Federal — CEF *vs.* Leonete Aparício Pedra). Rel.: Min. Celso de Mello (DJ n. 241-E, Seção 1, de 27.11.2000, p. 210); RE 286.633-4-

Passo, pois, a examinar essa questão quanto aos diferentes planos econômicos em causa com referência à correção monetária do FGTS.

2. O Fundo de Garantia por Tempo de Serviço (FGTS), ao contrário do que sucede com as cadernetas de poupança, não tem natureza contratual, mas, sim, estatutária, por decorrer da lei e por ela ser disciplinado.

Assim, é de aplicar-se a ele a firme jurisprudência desta Corte no sentido de que não há direito adquirido a regime jurídico.

Para essa aplicação, no entanto, faz-se mister que a questão do direito adquirido — que admite o exame da legislação infraconstitucional posterior em face da anterior — esteja prequestionada, o que nem sempre ocorre, porquanto, como se verifica em vários processos relativos a essa questão de correção monetária com relação ao FGTS em face dos diversos planos econômicos, não é raro que a decisão se cinja, com referência a uns ou a

---

PR (Caixa Econômica Federal — CEF *vs.* Pedro Rigoni e outros). Rel.: Min.: Celso de Mello (DJ n. 241-E, Seção 1, de 15.12.2000, p. 210); AI 305.265-6-MA, de 21.11.2000 (Caixa Econômica Federal — CEF *vs.* José Carlos de Abreu Fernandes e outros). Rel.: Min. Celso de Mello (DJ n. 241-E, Seção 1, de 15.12.2000, p. 159); AI 305.341-0-RJ, de 22.11.2000 (Caixa Econômica Federal — CEF *vs.* Valter Rodrigues da Rosa e outros). Rel.: Min. Celso de Mello (DJ n. 241-E, Seção 1, de 15.12.2000, p. 159); AI 305.738-6-MG, de 27.11.2000 (Caixa Econômica Federal — CEF *vs.* Regina Célia da Silva e outros). Rel.: Min. Sepúlveda Pertence (DJ n. 241-E, Seção 1, de 15.12.2000, p. 161); AI 305.832-8-MG, de 27.11.2000 (Caixa Econômica Federal — CEF *vs.* Eliana Reis Zonocco e outros). Rel.: Min. Sepúlveda Pertence (DJ n. 241-E, Seção 1, de 15.12.2000, p. 162); AI 305.842-4-MG, de 24.11.2000 (Caixa Econômica Federal — CEF *vs.* Branca Michel Domingues Gomes). Rel.: Min. Sepúlveda Pertence (DJ n. 241-E, Seção 1, de 15.12.2000, p. 162); AI 303.051-1-DF, de 22.11.2000 (Caixa Econômica Federal — CEF *vs.* Boaventura Tsewamariwe Tserewawa e outros). Rel.: Min. Sepúlveda Pertence (DJ n. 241-E, Seção 1, de 15.12.2000, p. 145); AI 303.013-0-MG (Caixa Econômica Federal — CEF *vs.* Antonio Moreira Bastos e outros). Rel.: Min. Sepúlveda Pertence (DJ n. 241-E, Seção 1, de 15.12.2000, p. 145); AI 303.158-7-RS, de 22.11.2000 (Caixa Econômica Federal — CEF *vs.* Arlindo João Albiero e outros). Rel. Min. Sepúlveda Pertence (DJ n. 241-E, Seção 1, de 15.12.2000, p. 146); AI 303.185-4-SC, de 21.11.2000 (Caixa Econômica Federal — CEF *vs.* Jaime Maciel e outros). Rel.: Min. Celso de Mello (DJ n. 241-E, Seção 1, de 21.11.2000, p. 146); RE 285.992-3-PB, de 27.11.2000 (Caixa Econômica Federal — CEF *vs.* Arístobulio da Costa Souza). Rel.: Min. Moreira Alves (DJ n. 242-E, Seção 1, de 18.12.2000, p. 70); RE 286.062-0-SP, de 24.11.2000 (Caixa Econômica Federal — CEF *vs.* Cecília Maria Marotti Corradi e outros). Rel.: Min. Moreira Alves (DJ n. 242-E, Seção 1, de 18.12.2000, p. 70).

outros ou a até a todos, a aplicar o índice de correção que extrai da interpretação da legislação infraconstitucional ou que julga ser o que melhor traduz a inflação. Nesses casos, embora os recursos extraordinários invoquem ofensa ao art. 5º, II, da Carta Magna, o entendimento da Corte já se firmou no sentido de que essa invocação diz respeito a infringência indireta ou reflexa à Constituição, não dando margem, assim, ao cabimento de recursos dessa natureza.

No caso, como se viu do relatório, as correções monetárias em face dos diversos planos econômicos — o recurso extraordinário só não abarca a relativa ao 'Plano Funaro ou Cruzado' (março de 1985) porque, quanto a ela, a recorrente não foi sucumbente — se fizeram com base na existência de direito adquirido, o que é contestado pela Caixa Econômica Federal.

3. No tocante ao 'Plano Bresser', a controvérsia se dá com referência à atualização dos saldos das contas do FGTS feita em 1º de julho de 1987 para o mês de junho desse ano.

Em novembro de 1986, editou-se o Decreto-lei n. 2.290 que, alterando o Decreto-lei n. 2.284/86, determinou que os saldos das contas do FGTS passariam a ser reajustados pelo índice LBC (Letras do Banco Central). No mês seguinte, o Decreto-lei n. 2.311/86 manteve o critério de reajuste pelo índice LBC, mas estabeleceu que o Conselho Monetário Nacional poderia, a qualquer tempo, alterar esse índice por meio de resolução do Banco Central (BACEN).

Com base nessa competência, o BACEN baixou, em fevereiro de 1987, a Resolução n. 1.265/87, determinando que esses saldos fossem reajustados, a partir do mês de março, pela variação dos índices IPC ou LBC, adotando-se o que maior resultado obtivesse. Essa sistemática, mantida pela Resolução n. 1.336, de 11 de junho de 1987, foi, porém, alterada em 15 de junho de 1987, pela Resolução n. 1.338/87, que determinou que, para a atualização dos saldos das contas do FGTS no mês de julho de 1987 (essa atualização se faz a 1º de julho para ser apli-

cada ao mês de junho), seria utilizada a OTN (vinculada, para esse mês, ao índice LBC nos termos do item I dessa mesma Resolução).

Portanto, e tendo em vista que o ato normativo para a determinação do índice a ser empregado para a atualização dos saldos das contas do FGTS, pela natureza estatutária deste, se aplica de imediato por não haver direito adquirido a regime jurídico, a atualização desses saldos feita em 1º de julho para aplicar-se ao mês anterior (junho) teria de utilizar, como a Caixa Econômica corretamente utilizou, o índice LBC (18,02%) e não, como entendeu o acórdão recorrido, o IPC (26,06%) sob o fundamento de que havia direito adquirido a esse índice com base na Resolução anterior, ou seja, na de n. 1.265/87, mantida pela de n. 1.336/87, por ter sido alterada já nos meados do mês de junho de 1987.

É, pois, de ser conhecido e provido o recurso extraordinário da Caixa Econômica com referência a essa atualização.

4. Quanto ao 'Plano Verão', a questão diz respeito à atualização dos saldos das contas do FGTS feita em 1º de fevereiro de 1989 para o mês de janeiro desse mesmo ano.

A Medida Provisória n. 32, de 15 de janeiro de 1989 (convertida na Lei n. 7.730/89), que instituiu o cruzado novo, extinguiu a OTN e determinou que os saldos das cadernetas de poupança seriam atualizados no mês de fevereiro de 1989 pelo índice LFT (Letra Financeira do Tesouro Nacional) apurado em janeiro de 1989 (portanto, atualização a fazer-se em 1º de fevereiro para ser aplicada ao mês de janeiro).

Essa Medida Provisória n. 32, no entanto, só aludiu às cadernetas de poupança, sendo omissa sobre a atualização dos saldos das contas do FGTS, que, assim, com a extinção da OTN, ficou sem índice de atualização para o mês de janeiro de 1989, lacuna que só veio a ser suprida, para o mês de fevereiro desse mesmo ano, pela Medida Provisória n. 38/89, de 3 de fevereiro de 1989 (con-

vertida na Lei n. 7.738/89) que estabeleceu que a atualização desses saldos deveria dar-se da mesma forma que a utilizada para as cadernetas de poupança.

Portanto, tendo ficado sem índice a atualização dos saldos das contas do FGTS para o mês de janeiro de 1989, essa lacuna foi preenchida pela jurisprudência do Superior Tribunal de Justiça que se firmou no sentido de que o índice a ser aplicado para esse mês seria o de 42,72%, referente ao valor do IPC (70,28% para 51 dias) proporcional ao período de 31 dias correspondente ao citado mês de janeiro.

Assim sendo, esse índice utilizado também pelo acórdão recorrido não resulta da aplicação do princípio de respeito ao direito adquirido, mas, sim, de preenchimento de lacuna da legislação pertinente a essa atualização, matéria que se situa no terreno infraconstitucional, não dando margem, pois, ao cabimento do recurso extraordinário sob o fundamento de ofensa ao art. 5º, XXXVI, da Constituição, por impertinente à hipótese em causa, ou de violação do art. 5º, II, da Carta Magna, por não caber recurso extraordinário para alegação de ofensa indireta ou reflexa a texto constitucional.

Não é, portanto, de ser conhecido o recurso extraordinário da Caixa Econômica nesse ponto.

5. No concernente ao 'Plano Collor I', a discussão se põe com relação à atualização dos saldos das contas do FGTS feitas em 1º de maio de 1990 para o mês de abril desse ano, e em 1º de junho de 1990 para o mês de maio do mesmo ano.

Examino, em primeiro lugar, a questão relativa à atualização referente a abril.

Desde maio de 1989, por força da Lei n. 7.738/89, os saldos das contas do FGTS eram corrigidos pelo índice IPC com periodicidade trimestral, mas calculados mês a mês dentro do trimestre. Em outubro de 1989, com a entrada em vigor da Lei n. 7.839/89, foi mantido o índice de atualização (IPC), alterando-se apenas a periodicidade da correção que de trimestral passou a mensal.

Essa legislação se manteve em vigor até a edição da Medida Provisória n. 168, cuja primeira publicação ocorreu em 16 de março de 1990, e na qual o caput *de seu art. 6º só se referia à conversão monetária para as cadernetas de poupança até NCz$ 50.000,00, sem fazer alusão a índice de atualização dos saldos ('Art. 6º. Os saldos das cadernetas de poupança serão convertidos em cruzeiros na data do próximo crédito de rendimento, segundo a paridade estabelecida no § 2º do art. 1º, observado o limite de NCz$ 50.000,00 (cinqüenta mil cruzados novos)); no § 2º desse mesmo art. 6º é que havia referência ao índice (BTN fiscal) de atualização para as quantias que excedessem esse limite ('§ 2º. As quantias mencionadas no parágrafo anterior serão atualizadas monetariamente pela variação do BTN Fiscal, verificada entre a data do próximo crédito de rendimentos e a data da conversão, acrescidas de juros equivalentes a 6% (seis por cento) ao ano ou fração* pro rata*'). Essa Medida Provisória n. 168/90 foi alterada pela Medida Provisória n. 172, de 19 de março de 1990 que colocou no* caput *do art. 6º da primeira o índice (BTN Fiscal) também para os saldos das cadernetas de poupança até o limite de cinqüenta mil cruzados novos. Foi então, nesse mesmo dia 19 de março de 1990, republicada a Medida Provisória n. 168, com a inclusão no* caput *de seu art. 6º da menção ao BTN Fiscal para esses saldos limitados a cinqüenta mil cruzados novos. Sucede, porém, que a Lei n. 8.204, de 12 de abril de 1990, ao converter a Medida Provisória n. 168, ao invés de adotar a redação do* caput *do art. 6º dada pela republicação dessa Medida Provisória, voltou a seu texto primitivo, não incluindo nele a alusão ao BTN Fiscal. Verificado o equívoco, foi editada, dias depois, em 17 de abril de 1990, a Medida Provisória n. 180, que alterou a redação adotada pela Lei n. 8.204 para o* caput *do art. 6º, retornando à redação dada pela republicação da Medida Provisória n. 168, mas essa Medida Provisória n. 180 foi revogada pela Medida Provisória n. 184, de 4 de maio de 1990, sendo que nenhuma dessas duas Medidas Provisórias foi convertida em Lei. Assim, para a atualização dos saldos das contas do FGTS, permaneceu em vigor o*

IPC no tocante aos saldos até o limite de cinqüenta cruzados novos, e passou a ser o BTN Fiscal para os saldos que excedessem esse limite.

Portanto, a aplicação do IPC para a atualização dos saldos até o limite de cinqüenta mil cruzados novos não se faz com base no direito adquirido, mas, sim, na legislação que permaneceu em vigor por não ter sido revogada pela Lei n. 8.024, de 12 de abril de 1990. Já com relação à atualização dos saldos que excederam esse limite, a aplicação do IPC em vez do BTN Fiscal decorreu de ofensa ao disposto na republicação da Medida Provisória n. 168, de 19 de março de 1990 (e que foi convertida na citada Lei n. 8.024/90), porque estava em vigor desde o início do mês de abril, não havendo assim aplicação, também aqui, do princípio do direito adquirido, mas sim aplicação contrária ao determinado legalmente, o que, no plano constitucional, não é, como já salientado anteriormente, atacável quer pelo art. 5º, XXXVI, quer pelo art. 5º, II, ambos da Constituição.

Não pode, pois, com relação a essas atualizações referentes ao mês de abril de 1990, ser conhecido o recurso extraordinário da Caixa Econômica.

Passo ao exame da questão referente à atualização relativa ao mês de maio de 1990.

A Medida Provisória n. 184, de 4 de maio de 1990, como salientado acima, revogou a Medida Provisória n. 180, de 17 de abril de 1990.

Sucede que nenhuma delas foi convertida em lei. Por isso, voltou a vigorar a Lei n. 8.024, de 12 de abril de 1990, e, por causa da lacuna relativa a índice de atualização no caput de seu art. 6º, o índice para a atualização dos saldos das contas do FGTS até o limite de cinqüenta mil cruzados novos continuou a ser o IPC em virtude da legislação anterior à referida Lei n. 8.024, ao passo que a atualização dos saldos das contas do FGTS que excedessem cinqüenta mil cruzados novos se faria, segundo o § 2º, desse mesmo art. 6º, pelo BTN Fiscal.

Ocorre, porém, que em 31 de maio de 1990, foi editada a Medida Provisória n. 189 (convertida na Lei n. 8.088, *de 1º.11.90), a qual fixou a BTN como índice de atualização dos saldos das contas do FGTS. Como essa Medida Provisória entrou em vigor ainda durante o mês de maio de 1990, ela foi aplicada corretamente pela Caixa Econômica com a utilização do BTN, ao contrário do que sucedeu com o emprego do IPC pelo acórdão recorrido que, para tanto, se fundou em direito adquirido inexistente.*

É, pois, de ser conhecido e provido, no tocante à atualização no mês de maio de 1990 (feita a 1º de junho), o recurso extraordinário da Caixa Econômica.

6. Finalmente, quanto ao 'Plano Collor II', a controvérsia diz respeito à atualização dos saldos das contas do FGTS no mês de fevereiro de 1991 feita em 1º de março do mesmo ano.

No final de 1990, vigorava a Lei n. 8.088, de 1º.11.90, que dispunha que o BTN era o critério de atualização desses saldos.

Em 1º de fevereiro de 1991, porém, foi editada a Medida Provisória n. 294 (convertida na Lei n. 8.177, de 4 de março de 1991) que alterou o critério de atualização dos saldos das contas do FGTS, extinguindo o BTN e substituindo-o pela TR.

Assim, a não-atualização dos saldos das contas do FGTS pela aplicação da TR por ofender o princípio do direito adquirido desrespeita a orientação desta Corte no sentido de que não há direito adquirido a regime jurídico, pois a Medida Provisória n. 294 entrou em vigor no início de fevereiro de 1991, aplicando-se de imediato.

É, pois, de ser conhecido e provido o recurso extraordinário da Caixa Econômica quanto a essa atualização.

7. Em face do exposto, e resumindo, conheço do presente recurso extraordinário em parte, e nela lhe dou provimento, para afastar da condenação as atualizações dos saldos do FGTS no tocante aos Planos Bresser, Collor I (apenas quanto à atualização no mês de maio de 1990) e Collor II."[6]

---

[6] Informativo STF n. 207, de 25.10.2000, p. 4.

4. LICENÇA-MATERNIDADE

A. Gestante. Estabilidade. Ausência de Conhecimento do Estado Gravídico

As questões relativas ao trabalho da mulher sempre têm merecido particular interesse da sociedade. Hodiernamente, é sabido que o único momento em que a mulher pode ser diferenciada do homem é no da maternidade, em seus três instantes básicos: gestação, parto e amamentação. No mais, inexiste razão para qualquer espécie de discriminação.

Os problemas que a maternidade têm causado, no entanto, não estão em torno de garantir esses instantes, mas a partir de quando e em que circunstâncias a mulher trabalhadora deve tê-los preservados.

O aresto a seguir, proferido no AI 260.700-5-DF, de 14.3.2000, da lavra do Min. Marco Aurélio, cuida da ausência de conhecimento do estado gravídico da trabalhadora por parte do empregado, a ensejar manifestação da Suprema Corte acerca da interpretação que deve ser dada ao art. 10, II, *b*, do ADCT. Existem outras decisões sobre o tema[7], inclusive a Orientação Jurisprudencial n. 88, do C. TST. A decisão a seguir transcrita revela a preocupação com o tema:

> *"Gestante — Estabilidade — Ausência de conhecimento da gravidez — RE — Apreciação nos autos de Agravo Provido.*
>
> *1. O Tribunal Superior do Trabalho negou acolhida a pedido formulado em agravo, afastando a indicada nuli-*

[7] V. vol. 2, pp. 52-4, desta coletânea.

dade do acórdão proferido pela Turma, considerada a alegação de negativa de prestação jurisdicional, ao fundamento de que explicitadas as razões pelas quais se concluíra pelo dissenso jurisprudencial e não se enfrentara o tema alusivo ao suposto ato jurídico perfeito. É que a matéria, de cunho recursal, fora veiculada em contra-razões ao recurso de revista. Por outro lado, consignou:

> *'A incidência do Enunciado 333/TST não constitui, como pretende a Parte, óbice ao processamento do Recurso ao Órgão* ad quem, *porque apenas imprime ao julgado o entendimento majoritário ou mesmo unânime desta Corte Extraordinária. Se o Recurso de Embargos, por hipótese, fosse admitido, a SDI ratificaria o entendimento turmário, pois a incidência do Enunciado 333/TST apenas antevê a decisão da SDI. A referida construção jurisprudencial, portanto, deve ser aplicada quando a matéria, por reiteradas vezes, for enfrentada por este Plenário e decidida no mesmo sentido.*
>
> *Há posicionamento firme no sentido de a estabilidade gestante não estar condicionada à ciência do empregador, porque a garantia de emprego à gestante é imperativo constitucional e a responsabilidade do empregador é objetiva. São precedentes: E-RR-132.681/94, E-RR-118.616/94, E-RR-174.892/95.*
>
> *Por fim, quanto à impossibilidade do pedido de indenização, frise-se que a Reclamante pleiteou a indenização correspondente ao período de estabilidade, nos termos do Enunciado 244/TST, que orienta no sentido do deferimento dos salários e vantagens relativos ao período estabilitário. Não obstante a Autora tenha utilizado o termo indenização, referia-se ao pagamento dos salários do período de garantia de emprego, até porque, cita o Enunciado 244/TST'* (folhas 59 e 60).

No extraordinário cujo trânsito busca alcançar, interposto com alegada base na alínea a *do permissivo constitucional, a Gazeta Mercantil articulou com o malferimento dos arts. 5º, incisos XXXV, XXXVI e LV, 93, inciso IX, do corpo permanente da Carta Política da República e 10, inciso II, alínea* b, *das Disposições Transitórias. Reafirmou a nulidade do acórdão proferido pela Turma, sustentando a necessidade de análise do tema atinente ao ato jurídico perfeito, porquanto 'revela-se primário e superado pela jurisprudência pátria, o entendimento de que o julgador não está obrigado a emitir tese acerca dos argumentos lançados nas contra-razões oferecidas ao Recurso' (folha 63). Em passo seguinte, asseverou a impertinência da evocação do Verbete n. 333 da Súmula do Tribunal* a quo *para obstar o trânsito de recurso que verse sobre matéria constitucional, e defendeu a necessidade da comunicação da gestação ao empregador para o gozo da estabilidade provisória. Salientou ainda que a dispensa da empregada, sem a ciência da gravidez, deu-se de boa-fé e ressaltou, por derradeiro, que o tema não foi objeto de exame no âmbito desta Corte (folha 62 à 67).*

O Juízo primeiro da admissibilidade disse da natureza infraconstitucional da discussão e da falta de prequestionamento (folhas 70 e 71).

No agravo de folha 2 à 7, renovaram-se os argumentos trazidos no recurso, insistindo-se estar em causa matéria ligada à interpretação do art. 10, inciso II, alínea b, *do Ato das Disposições Constitucionais Transitórias.*

Conforme certificado à folha 75, a Agravada não apresentou contraminuta.

*Recebi ou (*sic*) autos em 4 de fevereiro de 2000.*

2. Na interposição deste agravo foram observados os pressupostos de recorribilidade que lhe são inerentes. A Agravante providenciou o traslado das peças previstas no art. 544, § 1º, do Código de Processo Civil e os documentos de folhas 8 e 72 evidenciam a regularidade da representação processual e do preparo. Quanto à oportunidade, a decisão atacada restou publicada no Diário de 8 de abril de 1999, quinta-feira (folha 71-verso), ocorrendo a manifestação do inconformismo em 19 imediato, segunda-feira (folha 2), e, portanto, no prazo assinado em lei.

Entre os temas veiculados no extraordinário, um está a merecer o crivo desta Corte, a fim de que seja definido o alcance de texto constitucional. Diz respeito à necessidade, ou não, de o tomador dos serviços ter conhecimento da gravidez para que se possa concluir, na hipótese de cessação do vínculo por iniciativa dele próprio, pela obrigação de indenizar, dada a estabilidade prevista na alínea b *do inciso II do art. 10 da Constituição Federal. O preceito remete à confirmação da gravidez e outro sentido não tem esta exigência senão viabilizar o conhecimento pelo empregador. Tenha-se presente que a indenização pressupõe, sempre, culpa ou dolo.*

3. Conheço do pedido formulado neste agravo e o acolho, assentando o enquadramento do extraordinário na previsão da alínea a do inciso III do art. 102 da Constituição Federal. Estando nos autos as peças indispensáveis ao julgamento, neles próprios, do citado recurso, autue-se, distribuindo-se na forma regimental, para, a seguir, colher-se o parecer da Procuradoria Geral da República.

4. Publique-se."[8]

B. Fonte de Custeio

Como sabido, a Constituição de 1988 alterou substancialmente o período de concessão da licença maternidade anteriormente de 90 dias. O art. 392 da CLT proibia o trabalho da mulher grávida no total de 12 semanas. Hoje, a matéria está elevada a preceito constitucional, ampliando para 120 dias (art. 7º, XVII).

A quem cabe o ônus com o acréscimo desses dias, à falta de fonte de custeio, é o que responde o julgado da 1ª Turma do Excelso Pretório, em acórdão da lavra do Min. Ilmar Galvão, no RE 220.613-1-SP, de 4.4.2000.

A decisão, unânime, tem o seguinte teor:

> *"Licença-maternidade. Art. 7º, XVII, da CF. Norma de eficácia plena.*

---

[8] AI 260.700-5-DF, de 14.3.2000 (Gazeta Mercantil S/A — Editora Jornalística *vs.* Vânia Nunes dos Santos). Rel.: Min. Marco Aurélio (DJ n. 88-E, Seção 1, de 9.5.2000, p. 53).

Benefício devido desde a promulgação da Carta de 1988, havendo de ser pago pelo empregador, à conta da Previdência Social, independentemente da definição da respectiva fonte de custeio.

Entendimento assentado pelo STF.

Recurso não conhecido."[9]

C. Mãe Adotiva

Questão demasiadamente preocupante é o da mãe adotiva. Em um País carente, onde a miséria campeia e aumenta a delinqüência infanto-juvenil, e as denúncias de tráfico de menores são muitas, o ato de adotar uma criança está a merecer melhor reflexão da sociedade e, sobretudo, dos julgadores. Anteriormente, apresentamos outras decisões no sentido da necessidade da adequada interpretação do preceito constitucional (art. 7º, XVIII).[10]

O julgado a seguir, proferido no RE 197.807-4-RS, de 30.5.2000, revela que o Excelso Pretório precisa rever sua posição quanto à concessão desse direito constitucional também à mãe adotiva. Trata-se de decisão unânime da 1ª Turma, da lavra do Min. Octavio Gallotti, com o seguinte teor:

"Não se estende à mãe adotiva o direito à licença, instituído em favor da empregada gestante pelo inciso XVIII do art. 7º, da Constituição Federal, ficando sujeito ao legislador ordinário o tratamento da matéria."[11]

---

[9] RE 220.613-1-SP, de 4.4.2000 (Telecomunicações de São Paulo S/A — TELESP *vs.* Catarina Aparecida Pereira Cardoso). Rel.: Min. Ilmar Galvão (DJ n. 72-E, Seção 1, de 13.4.2000, p. 6).

[10] V. vol. 2, pp. 50-52, desta coletânea.

[11] RE 197.807-4-RS, de 30.5.2000 (Estado do Rio Grande do Sul *vs.* Fátima Regina Nascimento de Oliveira). Rel.: Min. Octavio Gallotti (DJ de 18.8.2000).

5. SALÁRIO MÍNIMO

Existem várias formas para as quais o salário mínimo resulta inservível como critério de fixação de *quantum*, no entendimento do STF, face à restrição constitucional, constante do art. 7º, n. IV, da Constituição de 1988. A seguir, elencamos algumas decisões da Suprema Corte no exame dessa matéria, quando foi pretendida a vinculação ao salário mínimo.

A. Dano moral. Indenização

O caso a seguir é relativo à fixação do valor da indenização por dano moral[12]. O *decisum* unânime, proferido no RE 225.488-1, a 11.4.2000, oriundo da 1ª Turma do STF, relatado pelo Min. Moreira Alves, tem o seguinte teor:

> *"Dano moral. Fixação de indenização com vinculação a salário mínimo. Vedação Constitucional. Art. 7º, IV, da Carta Magna.*
>
> *— O Plenário desta Corte, ao julgar, em 1º.10.97, a ADIn 1425, firmou o entendimento de que, ao estabelecer o art. 7º, IV, da Constituição que é vedada a vinculação ao salário mínimo para qualquer fim, "quis evitar que interesses estranhos aos versados na norma constitucional venham a ter influência na fixação do valor mínimo a ser observado".*
>
> *— No caso, a indenização por dano moral foi fixada em 500 salários mínimos para que, inequivocamente, o*

[12] Sobre dano moral, v. vol., 2, pp. 44-47, e vol. 3, pp. 20-23, desta coletânea.

valor do salário mínimo a que essa indenização está vinculado atue como fator de atualização desta, o que é vedado pelo citado dispositivo constitucional.

— Outros precedentes desta Corte quanto à vedação da vinculação em causa.

Recurso extraordinário conhecido e provido."[13]

B. Multa Administrativa. Vinculação

Na cidade de Ribeirão Preto, interior do Estado de São Paulo, lei municipal fixou multa relativa a descumprimento de horário de funcionamento de farmácias, vinculando-a ao salário mínimo. O tema, apreciado pelo Pleno do Excelso Pretório, através do RE 237.965-3-SP, a 10.2.2000, sendo relator o Min. Moreira Alves, entendeu pela inconstitucionalidade do preceito legal, não sendo possível essa fixação dar-se com base no salário mínimo. Tem a decisão o seguinte teor:

"Fixação de horário de funcionamento para farmácias no Município. Multa administrativa vinculada a salário mínimo.

— Em casos análogos ao presente, ambas as Turmas desta Corte (assim a título exemplificativo, nos RREE 199.520, 175.901 e 174.645) firmaram entendimento no sentido que assim vem sintetizado pela ementa do RE 199.520:

'Fixação de horário de funcionamento para farmácia no Município. Lei n. 8.794/78 do Município de São Paulo.

— Matéria de competência do Município. Improcedência das alegações de violação aos princípios constitucionais da isonomia, da livre concorrência, da defesa do consumidor, da liberdade de trabalho e da busca ao pleno emprego. Precedente desta Corte.

Recurso extraordinário conhecido, mas não provido'.

— Dessa orientação não divergiu o acórdão recorrido.

---

[13] RE 225.488-1, de 11.4.2000 (J. Ghignone & Cia. Ltda. *vs.* Rafael Augusto Zanetti). Rel.: Min. Moreira Alves (DJ n.116-E, Seção 1, de 16.6.2000, p. 39).

— O Plenário desta Corte, ao julgar a ADIn 1425, firmou o entendimento de que, ao estabelecer o art. 7º, IV, da Constituição que é vedada a vinculação ao salário mínimo para qualquer fim, 'quis evitar que interesses estranhos aos versados na norma constitucional venham a ter influência na fixação do valor mínimo a ser observado'. Ora, no caso, a vinculação se dá para que o salário mínimo atue como fator de atualização da multa administrativa, que variará com o aumento dele, o que se enquadra na proibição do citado dispositivo constitucional.

— É, portanto, inconstitucional o § 1º do art. 4º da Lei n. 5.803, de 4.9.90, do Município de Ribeirão Preto.

Recurso extraordinário conhecido em parte e nela provido, declarando-se a inconstitucionalidade do § 1º do art. 4º da Lei n. 5.803, de 4.9.90, do Município de Ribeirão Preto."[14]

C. Pensão Especial. Vinculação

O Pleno do STF julgou, a 4.10.2000, os embargos opostos pelo Estado de Goiás (RE (Edv) 190.384-8-GO), acerca de ação em que a parte adversa pretendia a fixação de pensão especial, vinculada ao salário mínimo.

Os embargos foram recebidos pelo Min. Octavio Gallotti, seu relator, tendo sido feito o seguinte registro do julgamento:

> "Vinculação ao Salário Mínimo: *Ofende o art. 7º, IV, da CF — que veda a vinculação do salário mínimo para qualquer fim — a fixação, em números de salários mínimos, de pensão especial concedida à viúva de ex-servidor. Com base nesse entendimento, o Tribunal recebeu embargos de divergência para conhecer e dar provimento a recurso extraordinário. Precedentes citados: RE 140.499-GO (DJU de 9.9.94), RE 143.812-GO (DJU de 18.10.96) e ADIn 1.425-PE (RTJ 169/910)."*[15]

---

[14] RE 237.965-3-SP, de 10.2.2000 (Raia & Cia. Ltda. *vs.* Município de Ribeirão Preto). Rel.: Min. Moreira Alves (DJ n. 63-E, Seção 1, de 31.3.2000, p. 61).

[15] EDIV-RE 190.384-8-GO, de 4.10.2000 (Estado de Goiás *vs.* Olivia Roriz) Rel.: Min. Octavio Gallotti (Informativo n. 205, de 11.10.2000, p. 1).

Esses embargos tiveram origem da decisão anterior, proferida no RE 190.384-8-GO, da lavra do Ministro Néri da Silveira, de 1º.12.1997, publicado no DJ de 5.6.1998, com o seguinte teor:

> *"Recurso extraordinário. Pensão especial. Fixação com base no salário mínimo. CF, art. 7º, IV. 2. A vedação da vinculação do salário mínimo, constante do inc. IV do art. 7º, da Carta Federal, não abrange as hipóteses em que o objeto da prestação tem a finalidade de atender às mesmas garantias que a parte inicial do inciso concede ao trabalhador e à sua família. 3. Precedentes da Primeira Turma nos RREE n. 170.203 e 140.356. 4. Recurso extraordinário não conhecido."*[16]

D. Salário Profissional. Vedação. Critério Discricionário. Aplicação da LICC

Inúmeras normas infraconstitucionais brasileiras fixam o salário a partir do salário mínimo. É o salário profissional. O caso que se transcreve adiante é relativo à Lei n. 4.950-A/66, que cuida do salário de pessoas diplomadas em Engenharia, Química, Arquitetura, Agronomia e Veterinária. Não é possível, no entendimento da Suprema Corte, aplicar a regra do salário mínimo. No entanto, estando a lei em questão em vigência plena, o Excelso Pretório entendeu que cabe ao juiz *a quo* a tarefa de fixar, por critério discricionário, aplicando o art. 4º da Lei de Introdução ao Código Civil brasileiro, o valor correspondente.

O RE 235.643-9-PA, julgado pelo 1ª Turma, em acórdão da lavra do Min. Sepúilveda Pertence, a 23.5.2000, tem a seguinte ementa:

> "*I.* Salário mínimo profissional: *aplicabilidade direta da lei federal que o estabelece aos empregados* celetistas *dos Estados, dada a competência privativa da União para legislar sobre Direito do Trabalho (cf. RE 164.715,*

[16] RE 190.384-8-GO, de 1.12.1997 (Estado de Goiás *vs.* Olivia Roriz). Rel.: Min.: Néri da Silveira (DJ n. 106-E, Seção 1, de 5.6.1998, p. 14).

Pertence, 21.2.97, RTJ 166/306; RE 125.643, 1ª Turma, Galvão, 9.9.97, DJ 19.12.97; RE 189.256, 1ª Turma, Moreira, 13.4.99, DJ 21.5.99).

II. Salário mínimo profissional e vedação de sua vinculação ao salário mínimo nacional: solução."[17]

Acerca dessa decisão, resultou a informação a seguir:

"Lacuna Legislativa e Salário Mínimo de Referência: *Com a proibição de vinculação ao salário mínimo (CF/88, art. 7º, IV) e a extinção do salário mínimo de referência (Lei n. 7.789/89), o salário profissional de diplomados em Engenharia, Química, Arquitetura, Agronomia e Veterinária — fixado em 6 salários mínimos pela Lei n. 4.950-A/66 (art. 5º) — deverá ser fixado com base no art. 4º da LICC ('Quando a lei for omissa, o juiz decidirá o caso de acordo com a analogia, os costumes e os princípios gerais de direito.'). Com esse entendimento, a Turma, reconhecendo que a Lei n. 4.950-A/66 continua em vigor e que, portanto, os autores da reclamação, engenheiros e agrônomos, têm direito à percepção de salário profissional, determinou que o juiz a quo, na execução, decida qual o valor do salário profissional a ser adotado após a extinção do salário mínimo de referência, vedada a redução do valor nominal da remuneração."*[18]

E. Vencimento Básico. Vinculação

Lei estadual do Rio Grande do Sul vinculou o salário e/ou vencimento básico de seus servidores ao salário mínimo. O STF entendeu, ao exame do RE 265.129-0-RS, de 9.11.2000, relatado pelo Min. Ilmar Galvão, pela inconstitucionalidade da norma, porquanto vedada a pretendida vinculação pelo art. 7º, IV, da Constituição de 1988.

---

[17] RE 235.643-9-PA, de 23.5.2000 (Estado do Pará *vs.* Marco Antônio de Araújo Paiva e outros). Rel.: Min. Sepúlveda Pertence (DJ n. 125-E, Seção 1, de 30.6.2000, p. 88).

[18] Informativo STF n. 191, de 7.6.2000, pp. 2-3.

A informação deste julgado é a seguinte:

"Vencimento Básico e Salário Mínimo: *Por ofensa ao art. 7º, IV, da CF, que veda a vinculação do salário mínimo para qualquer fim, o Tribunal reformou acórdão do Tribunal de Justiça do Rio Grande do Sul que, com base no art. 29, I, da Constituição do mencionado Estado, reconhecera a servidores públicos estaduais o direito de receberem vencimento básico nunca inferior ao salário mínimo ('Art. 29 — São direitos dos servidores... I — vencimento básico ou salário básico nunca inferior ao salário mínimo fixado pela União para os trabalhadores urbanos e rurais'). RE conhecido e provido para declarar, incidentalmente, a inconstitucionalidade material do inciso I do art. 29 da Constituição do Estado do Rio Grande do Sul, e, em conseqüência, reformar o acórdão recorrido. Precedente citado: RE 198.982-RS (julgado em 5.8.98, acórdão pendente de publicação."*[19]

[19] RE 265.129-0-RS, de 9.11.2000 (Estado do Rio Grande do Sul *vs.* Adroaldo Scandolara Murício) Rel.: Min. Ilmar Galvão (Informativo STF n. 209, de 16.12.2000, p. 2).

PARTE II

DIREITOS COLETIVOS

1. DIRIGENTE SINDICAL

As questões pertinentes aos dirigentes sindicais são controvertidas. Adiante, dois julgados do Excelso Pretório revelam a preocupação com a garantia de emprego tanto de dirigente de sindicato patronal, como daqueles que administram sindicatos profissionais.

É, ao cabo, a observância da regra constante do art. 8º, n. VIII, da Constituição que foi analisada.

A. Dirigente de Sindicato de Trabalhadores. Garantia de Emprego

Quanto ao dirigente de sindicato de trabalhadores, a garantia de emprego decorre de comunicação regular ao empregador. Neste sentido, o despacho do Min. Nelson Jobim, no AI 277.432-8-PB, de 13.6.2000, do seguinte teor:

> *"Dirigentes Sindicais. Número de representantes. Garantia provisória de emprego. Orientação do Tribunal. Precedentes. Agravo não admitido.*
>
> *1. Relatório.*
>
> *Está na ementa do acórdão recorrido:*
>
> *'...Admitir-se a aplicação ilimitada, extensiva da norma estatutária afrontaria, a um só tempo, o disposto no art. 5º, inciso II, da própria Constituição, como também o princípio da isonomia de tratamento, porque estaria criada, nas cúpulas sindicais, uma casta privilegiada. Na inexistência, portanto, de incompatibilidade, entre o direito assegurado no art.*

8º, VIII, da Constituição de 5 de outubro de 1988, que não é inovatório, e os critérios fixados pelos arts. 522, 538 e 543 da CLT, para fim de limitação objetiva do universo de trabalhadores a ser beneficiado pela garantia excepcional, deve a norma estatutária que dispõe sobre o número de dirigentes do Sindicato profissional e integrantes dos Conselhos respectivos ser interpretada, quanto a seu alcance, à luz das disposições celetárias recepcionada pela nova ordem jurídica estabelecida a partir de 5.10.1988. Recurso ordinário conhecido e provido.' (fls.. 84/852)

2. Orientação do STF

Está nos precedentes:

'Constitucional. Trabalho. Sindicato: Dirigentes: CLT, art. 522: Recepção pela CF/88, art. 8º, I.

I. — O art. 522, CLT, que estabelece número de dirigentes sindicais, foi recebido pela CF/88, art. 8º, I.

II. — RE conhecido e provido.' (RE 193345, Velloso, DJ 28.5.99)

'Dirigente Sindical — Garantia de emprego — Comunicação ao empregador. A formalidade prevista no art. 543, § 5º, da Consolidação das Leis do Trabalho — ciência do empregador da candidatura do empregado — não se mostrou incompatível com a norma do inciso VIII do art. 8º da Constituição Federal, isto diante do princípio da razoabilidade.' (RE 224667, Marco Aurélio, DJ 4.6.99)

3. Decisão.

O acórdão recorrido não divergiu.

Nego seguimento ao agravo (RISTF, art. 21, § 1º; CPC, art. 557, redação da Lei n. 9.756/98).

Publique-se."[20]

---

[20] AI 277.432-8-PB, de 13.6.2000 (Federação dos Empregados em Estabelecimentos Bancários do Estado da Paraíba *vs.* Sindicato dos Bancos do Estado da Paraíba e outros). Rel.: Min. Nelson Jobim (DJ n. 154-E, Seção 1, de 10.8.2000, p. 56).

B. Estabilidade. Sindicato Patronal

A verdadeira abrangência do inciso VIII do art. 8º da *Lex Fundamentalis* vem dada no julgado a seguir, proferido no RE 217.335-5-MG, de 29.8.2000, da lavra do Min. Maurício Corrêa. Beneficia-se com ela também o dirigente de sindicato patronal.

Tem a informação sobre o aresto da 2ª Turma o seguinte teor:

> "Estabilidade Provisória e Sindicato Patronal
>
> *A garantia da estabilidade provisória prevista no art. 8º, VIII, da CF, abrange o empregado eleito para o cargo de direção do sindicato patronal ('VIII — é vedada a dispensa do empregado sindicalizado a partir do registro da candidatura a cargo de direção ou representação sindical e, se eleito, ainda que suplente, até um ano após o final do mandato, salvo se cometer falta grave nos termos da lei'.). Com base nesse entendimento, a Turma, reconhecendo a alegada ofensa ao inciso VIII do art. 8º da CF e ao princípio da isonomia (CF, art. 5º), reformou o acórdão que entendera que a garantia da estabilidade provisória alcançaria apenas os empregados representantes de categoria profissional e não aqueles representantes de categoria econômica. RE conhecido e provido para determinar o pagamento das verbas indenizatórias requeridas na inicial.*"[21]

---

[21] RE 217.355-5-MG, de 29.8.2000 (Ângelo Rafael Souza e Silva *vs.* Mendes Júnior Industrial Ltda.). Rel.: Min. Maurício Correa (Informativo STF n. 200, de 6.9.2000, p. 2).

2. *DISSÍDIO COLETIVO*

O tema relativo a dissídios coletivos tem direta ligação com o poder normativo da Justiça do Trabalho, consagrado no art. 114, § 2º, da Constituição de 1988. Embora sujeito a severas críticas, por vezes sendo posto em cheque, o poder normativo, peculiaridade do processo coletivo do trabalho, ganhou novos foros a partir da Instrução Normativa n. 4, de 8.6.1993, do C. TST. De acordo com o item I dessa Instrução, que oferece os comandos indispensáveis ao processamento de dissídios coletivos, é exigida a negociação prévia, da mesma forma como foram deixadas ao critério dos interlocutores sociais as questões relativas à representatividade, cuja competência é da Justiça comum para julgar ações sobre esse tema, embora devesse ser da Justiça especializada do Trabalho, e ao *quorum* para deliberações, consagrando a liberdade sindical, que o art. 8º da Carta Magna contempla.

Os julgados a seguir cuidam desses três temas.

A. Autonomia Privada Coletiva. Representatividade

O princípio da autonomia privada coletiva está intimamente ligado ao dissídio coletivo. O despacho do Min. Sydney Sanches, no AI 224.483-5-PB, de 2.3.2000, ressalta esse aspecto, demonstrando a necessidade da verdadeira representatividade da categoria para fins de dar seguimento às ações coletivas. Tem o seguinte teor:

> *"1. Trata-se de Recurso Extraordinário interposto contra acórdão da Seção Especializada em Dissídios Coletivos do Tribunal Superior do Trabalho, que, acolhendo preliminar do suscitado, julgou extinto o processo sem julgamento do mérito, assinalando na ementa (fls. 58)* verbis:

'Princípio da autonomia privada coletiva: A consagração, pela Constituição Federal de 1988, dos princípios da autonomia privada coletiva, da flexibilização e da liberdade sindical impõe seja conferido redobrado rigor na aferição da vontade real da categoria — destinatária das garantias constitucionais e à qual o Sindicato representa. De modo que a verificação dessa representatividade há de ser objetiva, traduzindo-se em documentos que demonstrem haverem as reivindicações partido de número expressivo de trabalhadores, com seu comparecimento em assembléias, cujas atas reflitam verdadeiras discussões e avanços no processo negocial prévio. Essa dinâmica própria a realização dos ideais constitucionais e públicos de privilegiar a autocomposição, diminuindo, assim, a intervenção do Estado nas questões sociais, há de estar inequivocamente demonstrada nos autos, não sendo passível de substituir-se por burocracia falaciosa, que desafia a inteligência e a tolerância do órgão julgador, em desrespeito ao Poder Judiciário, que, não obstante acusado de morosidade, não cessa de extinguir, sem julgamento do mérito, processos nos quais as entidades sindicais desconsideram, por completo, princípios democráticos, constitucionais, previsões legais e orientação jurisprudencial. Processo que se extingue, sem julgamento do mérito, na forma do art. 267, IV, do CPC.'

2. Os embargos de declaração foram rejeitados (fls. 67/69).

3. O Sindicato suscitante alegou, no Recurso Extraordinário, que o aresto recorrido violou o disposto nos arts. 8º, III, e 114, § 2º da CF/88.

4. Ocorre que a natureza meramente processual da questão decidida no acórdão recorrido inviabiliza a abertura da via extraordinária. Com efeito, o Tribunal Superior do Trabalho extinguiu o processo sem o julgamento do mérito, por entender inexistentes os pressupostos bási-

cos para a instauração do dissídio coletivo, sem examinar qualquer constitucional, faltando, pois, ao RE, o requisito do prequestionamento (Súmulas 282 e 356 do STF).

5. Ademais, a pacífica jurisprudência do Supremo Tribunal Federal não admite, em RE, alegação de ofensa indireta à Constituição Federal por má interpretação de normas infraconstitucionais ou o reexame da prova (Súmula 279).

6. Diante do exposto, nego seguimento ao presente agravo (art. 21, § 1º, do RISTF e art. 38 da Lei n. 8.038, de 28.5.1990).

Publique-se. Intimem-se."[22]

B. Negociação Prévia. Indispensabilidade

A exigência de negociação prévia, prevista na Instrução Normativa n. 4/93, do C. TST, foi confirmada pelo Excelso Pretório. Nessa linha, o RE 273.347-RJ, de 20.6.2000, de que foi relator o Min. Sepúlveda Pertence. A ementa do julgado da E. 1ª Turma é a seguinte:

"Dissídio coletivo: *subordinação de sua instauração à prova de frustração da negociação prévia ou à recusa de encetá-la de parte do suscitado: correta extinção do processo, de ofício, pelo TST, no recurso ordinário, sem prejuízo da homologação, na instância de origem, das cláusulas objeto de acordo."*[23]

---

[22] AI 224.483-5-PB, de 2.3.2000 (Sindicato dos Trabalhadores nas Indústrias de Fiação e Tecelagem de João Pessoa-PB *vs.* Sindicato da Indústria de Fiação e Tecelagem em Geral do Estado da Paraíba). Rel.: Min. Sydney Sanches (DJ n. 123-E, Seção 1, de 28.6.2000, p. 9).

[23] RE 273.347-RJ, de 20.6.2000 (Sindicato dos Empregados em Empresas de Seguros Privados e Capitalização e de Agentes Autônomos de Seguros Privados e de Crédito e em Empresas de Previdência Privada e Corretoras de Seguros Privados e Corretoras de Fundos Públicos e Câmbio e de Distribuidoras de Títulos e Valores Mobiliários no Estado do Rio de Janeiro *vs.* Sindicato das Sociedades e Corretoras de Fundos Públicos e Câmbio do Rio de Janeiro). Rel.: Min. Sepúlveda Pertence. (DJ n. 150-E, Seção 1, de 4.8.2000, p. 42).

O registro desse julgamento é o seguinte:

> *"Dissídio Coletivo e Negociação Prévia*
>
> *A Turma, considerando que a negociação prévia a que alude o § 2º do art. 114 da CF constitui requisito para instauração de dissídio coletivo, manteve acórdão do TST que, acolhendo preliminar argüida pelo Ministério Público em recurso ordinário — interposto contra acórdão do TRT que, pondo fim a dissídio coletivo, homologara acordo celebrado entre sindicatos, excluindo algumas cláusulas por eles acordadas —, extinguira o processo sem julgamento de mérito, por falta de negociação prévia. Precedente citado: AdinMC 1.309-DF (DJU 17.11.95)."*[24]

C. *Quorum* Real

A exigência de *quorum* para Assembléia Geral de Sindicato destinada à deliberação para fins de negociação prévia, e, em frustrada essa tentativa, o ajuizamento de dissídio coletivo, é pressuposto de regularidade dessa atividade. Embora seja reconhecida a liberdade sindical nesse particular, algumas exigências mínimas são feitas. Afinal, a assembléia geral deve representar realmente a vontade da maioria da categoria interessada. O despacho a seguir, proferido pelo Min. Néri da Silveira, no AI 277.651-4, a 12.8.2000, destaca esse aspecto, com o seguinte teor:

> *"Vistos. Trata-se de agravo de instrumento contra despacho do Senhor Ministro Presidente do Tribunal Superior do Trabalho, que negou seguimento a recurso extraordinário interposto com fundamento no art. 102, III, 'a', da Constituição Federal.*
>
> *2. O acórdão recorrido (fls. 44/48) possui esta ementa (fls. 44):*
>
> > 'Ementa: *Recurso Ordinário em Dissídio Coletivo — Extinção do feito sem julgamento do mérito.*

[24] Informativo STF n. 194, de 28.6.2000, p. 2.

Em sendo da categoria a titularidade do direito a ser postulado em dissídio coletivo, torna-se necessário que o sindicato obtenha autorização da categoria, que pressupõe a realização de assembléia, depois de regularmente convocada, com a participação mínima de um *quorum* real, *registrando-se, em ata, a cláusula, bem como acompanhada da lista de associados presentes à respectiva Assembléia, imprimindo-lhe, assim, a legitimidade indispensável, o que restou inobservado na hipótese dos autos. Por outro lado, não houve a demonstração inequívoca da exaustão das tentativas de negociação prévia, pressuposto indispensável de constituição e desenvolvimento válido e regular do processo (inobservância do art. 114, § 2º, da CF). Processo que se julga extinto, sem apreciação meritória, nos termos do art. 267, IV e VI, do CPC.'*

3. Alega-se no apelo extremo ofensa ao art. 5º, incisos II, XXXV e LV, da Constituição Federal.

4. O acórdão examinou a controvérsia à luz da legislação infraconstitucional regente da matéria. Não há falar em ofensa direta e imediata à norma constitucional, mas, somente, por via reflexa. Se, para dar pela ofensa à Constituição, é mister, por primeiro, demonstrar vulneração as normas infraconstitucionais, estas é que contam, não sendo possível, em decorrência, desde logo, ter como satisfeitos os pressupostos do art. 102, III, a, da Lei Maior, aos fins de admissibilidade do apelo derradeiro.

5. Em face do exposto, com apoio no art. 38, da Lei n. 8.038, de 1990, combinado com o art. 21, § 1º, do Regimento Interno, nego seguimento ao agravo.

Publique-se."[25]

---

[25] AI 277.651-4-BA, de 12.8.2000 (Sindicato dos Empregados em Empresas de Assessoramento, Perícias, Informações e Pesquisas no Estado da Bahia — SINDPEC *vs.* Ana Maria Ribas Magno e outros). Rel.: Min. Néri da Silveira (DJ n. 186-E, Seção 1, de 26.9.2000, p. 55).

3. LIBERDADE SINDICAL

Contempla o Brasil o princípio da liberdade sindical, na vertente doutrinariamente chamada de unicidade sindical. Tem sido esse o grande empecilho para a ratificação, por nosso País, da Convenção n. 87, da Organização Internacional do Trabalho. Os julgados a seguir, todos dentro desse tema, cuidam de desmembramento de entidades sindicais dos três níveis nos quais se encontra estruturado o nosso sindicalismo, e a questão da superposição de sindicatos.

A. Confederação. Desmembramento

O julgado do RE (AgRg) 241.935-8-DF, em que foi relator o Min. Ilmar Galvão, cuida de desmembramento de confederação, sendo reconhecida a possibilidade de desmembramento de confederação genérica, para o surgimento de outra específica, inexistindo ofensa ao art. 8º, n. II, da Carta Magna. Tem o seguinte teor o *decisum* unânime de 26.8.2000, da E. 1ª Turma:

> *"Confederação Nacional de Saúde — Hospitais, Estabelecimentos e Serviços —* CNS. *Desmembramento da Confederação Nacional do Comércio. Alegada ofensa ao princípio da unicidade.*
>
> *Improcedência da alegação, posto que a novel entidade representa categoria específica, até então congregada por entidade de natureza eclética, hipótese em que estava fadada ao desmembramento, concretizado como manifestação da liberdade sindical consagrada no art. 8º, II, da Constituição Federal.*
>
> *Agravo desprovido."*[26]

[26] AGRG-RE 241.935-8-DF, de 26.9.2000 (Confederação Nacional da Indústria — CNI e Confederação Nacional do Comércio — CNC e outras *vs.* Confederação

O registro desse julgamento é o seguinte:

> *"Não ofende o princípio da unicidade sindical (CF, art. 8º, II: 'é vedada a criação de mais de uma organização sindical, em qualquer grau, representativa de categoria profissional ou econômica, na mesma base territorial, que será definida pelos trabalhadores ou empregadores interessados, não podendo ser inferior à área de um Município;') a criação na mesma base territorial de* confederação *específica, por desmembramento da confederação preexistente, genérica. Com esse entendimento, a Turma negou provimento a agravo regimental interposto contra decisão do Min. Ilmar Galvão, relator, que reconhecera a legitimidade da criação da Confederação Nacional de Saúde — Hospitais, Estabelecimentos e Serviços — CNS a partir do desmembramento da Confederação Nacional do Comércio — CNC, tendo em vista a diversidade de categorias patronais envolvidas."*[27]

B. Federação. Desmembramento

Semelhante questão foi examinada no RE 217.328-8-RS, a 21.3.2000, relatado pelo Min. Octavio Gallotti, na 1ª Turma do STF, agora apreciando desmembramento de federação, tendo sido considerada a diversidade de interesses econômicos entre as duas espécies de trabalhadores envolvidos.

Tem o seguinte teor o julgado:

> *"Cisão de Federações — Licitude, no caso de ficar evidenciada a diferenciação de interesses econômicos entre duas espécies de trabalhadores, mesmo sendo conexas (art. 511, § 1º da CLT).*
>
> *A diversidade de interesses e a possibilidade de conflitos entre elas restaram apuradas pelo acórdão, cuja revisão nesta sede encontra óbice na Súmula 279 desta Corte.*

Nacional de Saúde — Hospitais Estabelecimentos e Serviços — CNS). Rel.: Min. Ilmar Galvão (DJ n. 208-E, Seção 1, de 27.10.2000, p. 85).

[27] Informativo STF n. 204, de 4.10.2000, p. 2.

Inadmissibilidade da exigência de obediência às prescrições estatutárias da Federação mais antiga, tendo em vista a garantia de liberdade de instituição da nova entidade (CF, art. 8º, II).

Recurso extraordinário não conhecido."[28]

O registro desse julgamento é o seguinte:

"Princípio da Unicidade Sindical e Federação

Não ofende o princípio da unicidade sindical (CF, art. 8º, II: 'é vedada a criação de mais de uma organização sindical, em qualquer grau, representativa de categoria profissional ou econômica, na mesma base territorial, que será definida pelos trabalhadores ou empregadores interessados, não podendo ser inferior à área de um Município;') a criação na mesma base territorial de federação de federação específica, por desmembramento da federação preexistente, genérica. Com esse entendimento, a Turma manteve acórdão do Tribunal de Justiça do Estado do Rio Grande do Sul que entendera legítima a criação da Federação dos Trabalhadores das Indústrias do Calçado a partir do desmembramento da Federação dos Trabalhadores na Indústria do Calçado e Vestuário, tendo em vista a diversidade de interesses econômicos entre as duas espécies de trabalhadores envolvidos."[29]

C. Sindicato. Desmembramento

Tema freqüente nas lides forenses é o relativo à criação, mediante desmembramento, de novas entidades de 1º grau. Por isso, são milhares de sindicatos que estão surgindo a cada dia em nosso País, em um fenômeno a que chamei de *pluralidade sindical oblíqua*[30].

---

[28] RE 217.328-8-RS, de 21.3.2000 (Federação dos Trabalhadores na Indústria do Calçado e do Vestuário do Estado do Rio Grande do Sul *vs.* Comissão de Sindicatos dos Trabalhadores nas Indústrias do Calçado). Rel.: Min. Octavio Gallotti (DJ n. 111-E, Seção 1, de 9.6.2000, p. 32).

[29] Informativo STF n. 182, de 29.3.2000, p. 3.

[30] V. meu artigo "Unicidade, Unidade e Pluralidade Sindical. Uma Visão do Mercosul", in: GIORDANI, Francisco Alberto da Motta Peixoto, MARTINS, Melchíades

Adiante, decisão do Min. Nelson Jobim proferida no RE 216.613-8-SP, de 7.12.2000, demonstrando esse assunto, e que reconheceu a possibilidade do surgimento de sindicato novo, desmembrado de entidade mais antiga, em consonância com o art. 8, II, da Carta Constitucional. Tem o seguinte teor o julgado:

> *"Constitucional. Sindicato: Criação. CF, art. 8º, II. Ofensa constitucional não caracterizada.*
>
> *Decisão*
>
> *A questão é: desmembramento de base territorial.*
>
> *O acórdão recorrido manteve o desmembramento.*
>
> *Está no voto:*
>
> *'Segundo se verifica, o sindicato-embargado veio a ser devidamente constituído, certo, também, que a especificidade de sua representação encontra-se bem demonstrada.*
>
> *Dispõe o art. 8º, I, da Constituição da República que 'a lei poderá exigir autorização do Estado para a fundação de sindicato, ressalvado o registro no órgão competente, vedadas ao Poder Público a interferência e a intervenção na organização sindical.'*
>
> *Prescreve-se, ainda, o inciso II, do aludido dispositivo constitucional, que 'é vedada a criação de mais de uma organização sindical, em qualquer grau, representativa da categoria profissional ou econômica, na mesma base territorial, que será definida pelos trabalhadores ou empregadores interessados, não podendo ser inferior à área de um Município.'*
>
> *Convém ressaltar que, acerca da matéria, já se decidiu que 'a Constituição da República, pelo seu art. 8º, veda ao Poder Público a interferência e a intervenção na organização sindical e, conseqüente-*

Rodrigues & VIDOTTI, Tarcio José (Coordenadores). "Fundamentos do direito do trabalho (estudos em homenagem ao Ministro Milton de Moura França)", São Paulo, LTr, 2000, pp. 122-30.

mente, não pode haver interferência na questão de base territorial. Aos próprios interessados cabe definir a base territorial, tendo por limites apenas que não seja ela inferior à área de um Município. Os trabalhadores da categoria é que escolherão a filiação' (Superior Tribunal de Justiça, Primeira Turma-MS. N. 445-DF, Relator Ministro Garcia Vieira, julgamento em 21.5.91). E o mesmo entendimento subsistiu quando do julgamento do Recurso Especial n. 13.674-SP, ocorrido em 16.10.91, onde pontificou, às claras, que 'o poder de definir a base territorial foi conferida aos próprios trabalhadores' (Superior Tribunal de Justiça, Primeira Turma, Relator Ministro Garcia Vieira).

Assim igualmente, a orientação desse Egrégio Tribunal de Justiça (cf. Apelação Cível n. 201.474-2, Décima Primeira Câmara).

Em suma, reputo assentado o ponto relevante da controvérsia: em tese, é sempre possível o desmembramento de uma organização sindical em outra (Consolidação das Leis do Trabalho, art. 561), por vontade dos trabalhadores, manifestada em assembléia, sem interferência do Poder Público, em existindo categorias profissionais diferentes.' (fls. 1555/1556).

Contra essa decisão foi interposto RE.

Fundamento recursal : CF, art. 102, III, a.

Ofensa Constitucional alegada: CF, art. 8º inc. II.

Razões do RE :

'Está, pois, Doutos Ministros, devidamente demonstrada a violação, data maxima venia, *perpetrada pelo Venerando Acórdão de fls. 1552/1556 do preceito constitucional invocado, reunindo, portanto, o presente recurso extraordinário a sua admissibilidade.*

'Os dois réus foram constituídos sem atenderem a vontade da maioria dos integrantes da categoria' (fl. 1560).

A violação do inciso II do art. 8º da Lei Maior mais se eleva, quando o Venerando Acórdão, fl. 1556, concluindo sua fundamentação, reza:

'... em tese, *é sempre possível o desmembramento de uma organização sindical e outra (Consolidação das Leis do Trabalho, art. 561),* por vontade dos trabalhadores, *manifestada em assembléia, sem interferência do Poder Público, em* existindo categorias profissionais diferentes.*' (Grifos nossos).*

*Ora, '*data maxima venia, *estamos diante de um caso concreto e, portanto, não há de se falar' em tese; inexistiu número suficientes de trabalhadores, para a concretização de manifestação de vontade da maioria, pois, 'O primeiro réu foi constituído em assembléia, na qual compareceram, apenas, 25 (vinte e cinco) empregados da categoria, fl. 1.097; presença insignificante para a criação de um sindicato.' 'O segundo réu, também, foi formado em assembléia, com a presença tão-só, de 62 (sessenta e dois) empregados da categoria, fl. 994; com a nomeação eletiva da Diretoria, igualmente.' (fl. 1560). Também, não se trata de '... categorias profissionais diferentes'. (fls. 1574/1575).*

Decido.

O recurso está em confronto com a orientação do STF.

São precedentes:

'O acórdão recorrido confirmou a decisão de 1º grau, que decidira: 'Assim, regularmente constituído o sindicato-réu, e concedido seu registro cartorário, por vontade dos trabalhadores, resta ao autor excluir dos seus estatutos a representação dos dissidentes de Osasco', concluindo pela improcedência da ação.

Não há falar, portanto, haja o acórdão violado o disposto no art. 8º, II, da Constituição, que veda a criação de mais de uma organização sindical, em qualquer grau, representativa da categoria profissional ou econômica, na mesma base territorial...', dado que o que houve, no caso, foi a criação de um novo sindicato, por vontade expressa dos trabalhadores, mediante desmembramento. Se a criação do novo sindicato, mediante desmembramento, não obedeceu às normas infraconstitucionais que regulam a matéria, a questão fica *no contencioso legal, em sentido estrito. O que não pode afirmar — é que teria havido ofensa ao art. 8º II, da Constituição, dado que, com o desmembramento e ulterior constituição de novo sindicato, não há desrespeito ao principio da unicidade sindical. O reexame da prova, no sentido de que a decisão foi tomada, pelos trabalhadores, regulamente ou não, não cabe em sede extraordinária.' (AGRAG 169.383, Néri, DJ, 23.2.96).*

'... não há que se falar em violação do disposto nos incisos I e II do art. 8º da Lei Fundamental, pois do voto proferido no acórdão impugnado extrai-se que os atos constitutivos do novo sindicato obedeceram a todos os requisitos impostos pela legislação pertinente, inclusive no que concerne à expressa vontade dos trabalhadores. Admitindo-se hipótese contrária, ou seja, o não preenchimento desses pressupostos, observe-se que a questão somente seria dirimida pela legislação infraconstitucional.

3. Indispensável, ainda, a análise da matéria fática para a aferição da manifesta vontade dos trabalhadores, o que não é permitido nesta sede extraordinária pelo óbice da Súmula 279/STF.

4. Finalmente, cumpre salientar que o desmembramento de entidade sindical pré-existente e constituição de novo sindicato — hipótese dos autos —, por si só não caracteriza violação às normas insertas nos incisos I e II do art. 8º e no inciso XXXVI do art. 5º da Constituição Federal.' (AGRRE 212.123, Maurício, DJ 14.8.98).

'4. Acolhendo o princípio constitucional da não intervenção e não interferência estatal na organização sindical (art. 8º, I, CF), o legislador outorgou os trabalhadores ou empregadores interessados a capacidade para definir a base territorial da entidade que não poderá ser inferior à área de um Município, afastando, assim, a competência do Ministério do Trabalho para delimitá-la na forma prevista no art. 517, § 1º da Consolidação das Leis do Trabalho.

5. De outro modo, tendo em vista o princípio de que 'ninguém será obrigado a filiar-se ou manter-se filiado a sindicato' (art. 8º, V, CF), não se pode impor a determinada categoria profissional ou econômica que permaneça vinculada a sindicato estadual pré-existente cuja base territorial tenha sido definida pelo Ministério do Trabalho, dado que a vedação constitucional (art. 8º, inciso II) refere-se tão-somente à instituição de mais de uma organização sindical, *em qualquer grau, representativa de categoria profissional ou econômica,* na mesma base territorial, que será definida pelos trabalhadores ou empregadores interessados, *não* podendo ser inferior à área de um município.

6. A Consolidação das Leis do Trabalho previa a possibilidade de cisão sindical, desde que observadas as restrições impostas pela norma. Eis o seu teor, verbis:

'Art. 571 — *Qualquer das atividades ou profissões concentradas na forma do parágrafo único do artigo anterior poderá dissociar-se do sindicato principal, formando um sindicato específico, desde que o novo sindicato, a juízo da Comissão do Enquadramento Sindical, ofereça possibilidade de vida associativa regular e de ação sindical eficiente.'*

7. O parágrafo único do art. 570 do Texto Consolidado, a que se refere o preceito acima transcrito, permitia a sindicalização pelo critério de categorias similares ou conexas, 'como tais as que se acham comprometidas nos limites de cada grupo constante do quadro de atividades e profissões.' *Esse quadro de atividades e profissões era de atribuição da Comissão do Enquadramento Sindical, órgão do Ministério do Trabalho (arts. 576 e 577, CLT).*

8. Em face do princípio da liberdade sindical consagrado no caput *do art. 8º da Carta de 1988, do princípio da não intervenção e não interferência estatal na organização sindical (inciso I) e da vedação contida no inciso II do mesmo artigo, não mais prevalecem as restrições impostas pela CLT à cisão de entidade sindical pré-existente.*

9. Ademais, a controvérsia posta nos autos, além de estar afeta à norma infraconstitucional, implicaria no reexame da matéria fática, posto que a criação de novo sindicato mediante desmembramento impõe a verificação da regular tomada de decisão por parte dos trabalhadores e, ainda, a comprovação de que a base territorial da nova entidade não é inferior à área de um Município, o que é inadmissível nesta instância pelo óbice da Súmula 279/STF.' (AGRRE 207.910, Maurício, DJ 20.6.98)

Face ao exposto, nego seguimento do RE (RISTF, art. 21, § 1º; CPC, art. 557).

Publique-se."[31]

D. Superposição

No aresto a seguir, a E. 2ª Turma do Excelso STF, julgando, a 3.10.2000, o RE 199.142-9-SP, em que foi Relator o Min.

---

[31] RE 216.613-8-SP, de 7.12.2000 (Sindicato dos Empregados em Estabelecimentos de Serviços de Saúde de São Paulo *vs.* Sindicato dos Empregados em Estabelecimentos Privados de Saúde e em Empresas que Prestem Serviços de Saúde e Atividades Afins de São Bernardo do Campo, Santo André, São Caetano do Sul, Diadema, Mauá e Ribeirão Pires e Sindicato Único dos Empregados em Estabelecimentos de Serviços de Saúde de Santo André, São Bernardo do Campo, São Caetano do Sul, Diadema, Mauá, Ribeirão Pires e Rio Grande da Serra). Rel.: Min. Nelson Jobim (DJ n. 242-E, Seção 1, de 18.12.2000, pp. 43-4). No mesmo sentido: RE 211.694-7-DF, de 7.6.2000 (Sindicato dos Empregados no Comércio do Distrito Federal *vs.* Sindicato dos Trabalhadores no Comércio Atacadista e Varejista de Materiais de Construção do Distrito Federal). Rel.: Min. Nelson Jobim (DJ n. 151-E, Seção 1, de 7.8.2000, pp. 64-5).

Nelson Jobim, entendeu pela impossibilidade do desmembramento pretendido. Foram vencidos o Min. Marco Aurélio, que entendeu haver segmento específico, e o Min. Néri da Silveira, que considerou legítimo o desmembramento porque existente do lado patronal.

A informação do julgamento é a seguinte:

> "Princípio da Unicidade Sindical e Superposição
>
> *A Turma, por maioria, deu provimento a recurso extraordinário para cassar acórdão do Tribunal de Justiça do Estado de São Paulo que, por considerar que as categorias profissionais envolvidas seriam diversas, entendera legítima a criação do Sindicato dos Trabalhadores nas Empresas de Grandes Estruturas em Construção Civil, Terraplanagem, Pavimentação e Montagem de Campinas e Região, a partir do desmembramento do Sindicato dos Trabalhadores nas Indústrias da Construção, Mobiliário, Cerâmica, Montagens, Mármores e Granitos e Artefatos de Cimento, Cal e Gesso de Campinas e Região. A Turma entendeu não haver distinção entre trabalhadores da construção civil em grandes estruturas e os demais trabalhadores da construção civil, caracterizando-se, assim, a ofensa ao princípio da unicidade sindical (CF, art. 8º, II: 'é vedada a criação de mais de uma organização sindical, em qualquer grau, representativa de categoria profissional ou econômica, na mesma base territorial, que será definida pelos trabalhadores ou empregados interessados, não podendo ser inferior à área de um Município.'). Vencidos os Ministros Marco Aurélio, que entendia que a categoria desmembrada congregaria um segmento específico, e Néri da Silveira, que, considerando o desmembramento já ocorrido das referidas categorias no âmbito patronal, entendia legítimo o desmembramento no âmbito profissional."*[32]

---

[32] RE 199.142-9-SP, de 3.10.2000 (Sindicato dos Trabalhadores nas Indústrias da Construção, Mobiliário, Cerâmica, Montagem Industrial, Mármores e Granitos e Artefatos de Cimento, Cal e Gesso de Campinas e Região *vs.* Sindicato dos Trabalhadores nas Empresas de Grandes Estruturas em Construção, Terraplanagem, Movimentação e Montagem de Campinas e Região) Rel.: Min. Nelson Jobim (Informativo n. 205, de 11.10.2000, p. 2).

4. LEGITIMIDADE

A. Confederação Sindical. Inexistência de Legitimidade

Consoante o art. 103 da Constituição, a legitimidade para proposição de ações diretas de inconstitucionalidade é exclusiva do Presidente da República, das Mesas do Senado Federal, da Câmara dos Deputados e das Assembléias Legislativas Estaduais, dos Governadores de Estado, do Procurador Geral da República, do Conselho Federal da Ordem dos Advogados do Brasil, de partido político com representação no Congresso Nacional, e de confederação sindical ou entidade de classe de âmbito nacional.

Na hipótese a seguir, a ação foi proposta por uma entidade autodenominada de confederação nacional. Todavia, no entendimento do Excelso Pretório, representava, na verdade, uma Federação, porque constituída por sindicatos e associações de classe. A ADIn, por unanimidade, não foi conhecida.

Trata-se da ADIn 1953-8-ES, julgado a 17.6.1999 sendo relator o Min. Ilmar Galvão, com o *decisum* tendo o seguinte teor:

> *"Constitucional. Ação Direta de Inconstitucionalidade. Legitimidade Ativa. Art. 103, IX, Primeira Parte. Confederação Sindical.*
>
> *Categoria em que não se inclui a entidade sindical que, conquanto denominada de confederação, não passa, quando muito, de federação de âmbito nacional, porquanto integrada não por federações, mas por sindicatos e associações de classe.*

Ilegitimidade para o exercício das ações da espécie. Precedentes do STF.

Ação de que não se conhece."[33]

B. Sindicato. Legitimidade Ativa

A matéria tratada no despacho a seguir, proferido no RE 190.844-1-SP, de 4.4.2000, da lavra do Min. Nelson Jobim, é pertinente a legitimidade ativa de sindicato. O tema objeto do recurso é relativo às questões internas do sindicato. Inexistiu, segundo o Ministro Relator, ofensa à Constituição, eis que a atribuição para esse tipo de questionamento é dos associados da entidade, e não de outra similar.

Tem o seguinte teor o decisório:

"Sindicato. Legitimidade Ativa. Questões Processuais Infraconstitucionais. Ofensa indireta à CF. Exame de provas (279). Recurso não admitido.

1. O fato.

O Sindicato dos Empregados Rurais de Pitangueiras constituiu-se, 'mediante a dissolução do antigo Sindicato dos Trabalhadores Rurais de Pitangueiras' (alegações da autora às fls. 03).

A Federação dos Trabalhadores na Agricultura do Estado de São Paulo ajuizou ação ordinária.

Leio, no pedido:

'julgar a ação procedente, decretando a nulidade de todos os atos praticados, visando a criação do Réu através da dissolução do Sindicato dos Trabalhadores Rurais de Pitangueiras...' (fls. 05).

---

[33] ADIn 1953-8, de 17.6.1999 Confederação Nacional dos Trabalhadores em Educação — CNTE *vs.* Governador do Estado do Espírito Santo e Assembléia Legislativa do Estado do Espírito Santo). Rel.: Min. Ilmar Galvão (DJ n. 155-A-E, Edição Extra, Seção 1, de 13.8.1999, p. 4).

2. O réu e a impugnação.

O Sindicato contestou que não houve dissolução do antigo sindicato e sim transformação fundamentada em normas legais e estatutárias.

Alegou, ainda, a ilegitimidade da autora para pleitear em juízo, e requereu a extinção do processo sem julgamento do mérito.

3. A sentença.

A sentença afastou a ilegitimidade.

Leio, na sentença:

> *'... não há que se falar que a autora é parte ilegítima nesse processo, pois está em Juízo para defender os interesses de classe, de uma categoria de trabalhadores rurais que, com a transformação da nomenclatura e alcance de representatividade do Sindicato-réu, ficou desorganizada nesta base territorial...' (fls. 196).*

A Ação foi julgada procedente.

Leio, na conclusão:

> *'... houve a dissolução do Sindicato dos Trabalhadores Rurais de Pitangueiras, até mesmo com a perda de seu patrimônio em favor do sindicato dos Empregados Rurais de Pitangueiras, sem que fosse respeitada disposição estatutária (art. 42 do Estatuto), que exigia a presença de 2/3 dos associados na assembléia...' (fls. 201/202).*

4. A apelação.

O Sindicato apelou.

Alegou, em preliminar, a ilegitimidade de parte da Federação.

Sustentou, quanto ao mérito, a improcedência da ação.

Leio, nas razões:

> *'... em momento algum foi decidida a extinção da associação — Sindicato dos Trabalhadores Ru-*

rais de Pitangueiras. ... partiu a sentença de um falso pressuposto para reconhecer a ausência de quorum, *e os fatos por ela indicados como causa instintiva da associação ...' (fls. 213).*

5. O acórdão.

O apelo do Sindicato foi provido.

O processo foi julgado extinto sem julgamento do mérito.

Leio, no acórdão:

'... cabe a distinção fundamental para bem elucidar a matéria relativa à legitimação dos Sindicatos e das Federações na defesa dos interesses da categoria e de seus associados.

Uma coisa é o Sindicato em si mesmo, em sua estrutura e em sua relação com seus associados. Outra é o Sindicato em sua relação com terceiros.

Cumpre traçar, assim, a linha divisória entre questões internas e questões externas do Sindicato.

As questões internas concernem à estrutura do Sindicato como associação e concernem às relações estatutárias entre o Sindicato e seus associados, como o patrimônio, a votação para deliberação dos assuntos, as assembléias, o mandato da Diretoria, etc.

As questões externas dizem respeito à relação do Sindicato para com Terceiros, como a defesa contra um tributo que incidisse sobre sua sede, e dizem respeito à relação de seus associados para com terceiros, como a defesa contra uma taxa ou contribuição, criada por lei, a ser cobrada da categoria por autoridade estatal.

No tocante às questões externas, dúvida não há de que a organização sindical, seja o Sindicato como entidade de primeiro grau seja a Federação como entidade de segundo grau, tenha legitimação para defender os interesses individuais co-

letivos da categoria e de seus associados. A razão está em que a entidade sindical, como representante da categoria e de seus associados, em torno de um objetivo comum e uniforme, que é a defesa de todos seus associados contra terceira pessoa, estranha à categoria.

Relativamente às questões internas, diversa é a solução. Somente o associado pode questionar a estrutura da organização sindical, atacando, por exemplo, sua constituição ou a assembléia realizada ou sua alteração ou a eleição da Diretoria. A razão está em que, tratando-se de associação, a relação se estabelece somente entre ele, Sindicato, e seus associados.

No caso em apreço, somente o antigo associado ou o novo associado do Sindicato, que se extinguiu, como quer a autora, ou que se altera, como quer o réu, é que possuem legitimação para discutir, em juízo, a legalidade ou ilegalidade do ato ora impugnado.

A autora, ainda que se entenda ser ela representante da categoria, não pode vir a juízo disputar sobre questões internas da organização sindical, porque tais questões internas devem ser resolvidas entre seus associados, quer os associados do antigo Sindicato quer os associados do novo Sindicato que se alterou, não cabendo, aqui, resolver, a matéria de mérito a extinção ou a de simples alteração.

Acrescente-se que não socorre a autora o art. 2º de seu Estatuto (fls. 7). Diante do que já ficou exposto, a representação sindical, ou seja, à defesa dos interesses da categoria profissional e da classe em relação a terceiros. Tal cláusula estatutária não lhe confere o direito de intervir nas questões internas dos Sindicatos filiados.

De tudo se vê que falta à autora legitimação para propor a presente ação...' (fls. 241/243).

6. O RE.

A Federação interpôs RE admitido: alínea a.

Sustentou ofensa ao inc. III do art. 8º da CF (legitimidade ativa ad causam*), e, no mérito, a manutenção da sentença.*

7. PGR.

A PGR emitiu parecer.

Leio:

> *'Vê-se, pois, que a questão aqui versada não se resolve pela simples leitura e aplicação do texto constitucional apontado como ofendido, uma vez que depende de diversos outros fatores, inclusive de dilatação probatória, haja vista as teses opostas que dão pelo desmembramento, uma, ou extinção, a outra, do sindicato, o que é inviável em sede de RE, como sumulado por este Supremo Tribunal Federal.*
>
> *Ainda é de se ressaltar que o extraordinário se ampara e se combina com o disposto na singela Lei n. 8.073/90, em seu terceiro artigo. Incide ao caso, assim, a ausência de uma questão constitucional pura a ser apreciada por este Supremo Tribunal Federal, inexistindo, ao nosso ver, a necessária afronta direta à Constituição.*
>
> *Ademais, a questão possui natureza processual — legitimidade — e como tal não fomenta o apelo derradeiro, não possuindo altitude constitucional.*
>
> *Em conclusão, pelo improvimento do apelo derradeiro, por faltar à entidade legitimidade ativa 'ad causam', que,* in casu, *como ressaltado, é conferida aos associados da entidade sindical. Se existe a alegação de se tratar de categoria inorganizada em sindicato, dela não fez prova a recorrente, não podendo ora fazê-lo, nas estreitas vias do recurso extraordinário...' (fls. 371).*

8. Decisão.

A controvérsia, conforme o exposto, depende do reexame probatório, vedado pela Súmula 279/STF.

Além disso, não se admite RE por ofensa indireta à CF.

É a orientação do Tribunal.

O recurso está em confronto.

Nego seguimento (RISTF, art. 21, § 1º; CPC, art. 557)."[34]

[34] RE 190.844-1-SP, de 4.4.2000 (Federação dos Trabalhadores na Agricultura do Estado de São Paulo *vs.* Sindicato dos Empregados Rurais de Pitangueiras). Rel.: Min. Nelson Jobim (DJ n. 68-E, Seção 1, de 7.4.2000, p. 93).

PARTE III

DIREITO PROCESSUAL

1. AÇÃO RESCISÓRIA — INDEFERIMENTO DE LIMINAR PARA SUSPENDER EXECUÇÃO

Na Petição 1970-9-PR, o Relator, Min. Marco Aurélio, inferiu a liminar pretendida, pela qual o ente público buscava evitar a satisfação de precatório requisitório relativo a débito judicial decorrente do Plano Bresser, porquanto pendente de ação rescisória.

A decisão, de 19.4.2000, negou a liminar pretendida, mandando processar o agravo de instrumento interposto, e tem o seguinte teor:

> *"Ação Rescisória — Improcedência — Recurso Ordinário — Desprovimento — Recurso Extraordinário — Negativa de Seguimento — Agravo de Instrumento — Eficácia Suspensiva da Execução do Título Rescindendo — Liminar — Indeferimento.*
>
> *1. A Universidade Federal do Paraná ajuizou esta ação cautelar no Tribunal Superior do Trabalho, alfim remetida a esta Corte ante a decisão de folha 114. A rescisória a que se pretende conferir eficácia suspensiva quanto à execução do título judicial foi julgada pelo Tribunal Superior do Trabalho, ocorrendo a protocolação de recurso extraordinário contra o acórdão proferido por força da revisão que, obstaculizado, motivou a interposição de agravo, encaminhado a esta Corte em 15 de março de 2000, conforme revela a informação de folha 116.*
>
> *Em síntese, dada a pendência sobre a rescisória, a Universidade busca evitar a satisfação de precatório relativo a débito judicial, no que veio a ser condenada a pagar diferenças salariais, considerado o Índice de Preços ao Consumidor de junho de 1987 (Plano Bresser).*

Pleiteia a concessão de medida acauteladora, requerendo, à mercê de alegação de relevância e urgência, porquanto incluído o valor do precatório no orçamento de 1999, o deferimento de liminar.

2. Observe-se o teor do art. 489 do Código de Processo Civil — a ação rescisória não suspende a execução da sentença rescindenda. A razão de ser do preceito é única: está centrada na eficácia da coisa julgada e na circunstância de não se poder, de início, vislumbrar sinal do bom direito, requisito da demanda cautelar, contra o que já declarado pelo Estado-juiz mediante decisão transitada em julgado. Acresce a isso a improcedência do pedido formulado na rescisória não só no Tribunal Regional do Trabalho da 9ª Região, como também, em grau recursal ordinário, no Tribunal Superior do Trabalho, a interposição de recurso extraordinário, que não possui efeito suspensivo — art. 542, § 2º, do Código de Processo Civil, e o fato de o agravo de instrumento não obstar o andamento do processo, sendo desprovido, assim, de contornos suficientes a conduzir à suspensão da execução. Da mesma forma, fica afastada a possibilidade de compelir-se os réus da demanda cautelar a prestarem caução, isso para recebimento do valor constante do precatório.

3. Indefiro a liminar suscitada.

4. Citem-se os Réus desta ação cautelar.

5. Uma vez recebido, nesta Corte, o agravo de instrumento mencionado à folha 116, a ser distribuído a partir da prevenção, seja-lhe apensado este processo.

6. Publique-se."[35]

[35] Petição n. 1.970-9-PR, medida liminar, de 19.4.2000 (Universidade Federal do Paraná *vs.* Adélia Gusmão e outros). Rel.: Min. Marco Aurélio (DJ n. 86-E, Seção 1, de 5.5.2000, p. 43).

2. COMPETÊNCIA DA JUSTIÇA DO TRABALHO

A. Servidor Estadual. Regime da CLT

No EDIV-EDCL-RE 199.561-1-SP, de 20.11.2000, o Relator, Min. Sepúlveda Pertence, entendeu que é a Justiça do Trabalho a competente para examinar ações de servidores estaduais celetistas, mesmo quando vindicam vantagens típicas de servidores estatutários.

Tem o despacho o seguinte teor:

"Alega-se nos presentes embargos que, ao conhecer do RE e dar-lhe provimento, por ofensa aos §§ 4º e 5º, do art. 40, da Constituição — que a decisão de segundo grau considerou não serem auto-aplicáveis —, o aresto embargado teria afirmado, implicitamente, a aplicabilidade desses dispositivos a servidores públicos regidos pela CLT, divergindo, desse modo — 'por via reflexa', no dizer da embargante — da decisão proferida no julgamento do RE 140.839 (Galvão, DJ 15.9.95), assim ementada:

'Competência. Servidor Público Estadual contratado sob o regime da CLT. Diferenças salariais. Justiça do Trabalho.

Compete à Justiça do Trabalho dirimir demanda proposta por servidores estaduais contratados sob regime da CLT, ainda que diga respeito a vantagens oriundas de leis estaduais de aplicação própria a funcionários estatutários. Competência que decorre da parte final do art. 114 da Constituição Federal.'

Não há como admitir os presentes embargos.

A embargante, com efeito, além de não transcrever os trechos configuradores do dissídio, não menciona — o que, de resto, não seria possível, dada a absoluta diversidade das questões resolvidas pelo acórdão embargado e pelo paradigma — as circunstâncias que identificam ou assemelham as hipóteses confrontadas, descumprindo, assim, o art. 331, RISTF.

Não admito os embargos."[36]

B. Servidor Público Federal. Anterioridade à Lei n. 8.112/90

No CC 7028-5-RJ, o STF, em decisão unânime de 6.9.1995, publicada no DJ de 5.5.2000, sendo relator o Min. Néri da Silveira, entendeu que as vantagens salariais anteriores à Lei n. 8.112/90, de 11.12.1990, postuladas por servidores públicos federais, devem ser objeto de ação na Justiça do Trabalho, e não na Justiça Federal, que se revela incompetente em hipótese que tal, tendo em conta que a relação anterior era de natureza celetista e, portanto, contratual.

É a seguinte a ementa do aresto:

"Conflito de Competência. Compete ao STF julgar conflito de competência entre Tribunal Superior do Trabalho e Juiz Federal. 2. Reclamação trabalhista movida por servidores públicos federais, ora regidos pelo sistema estatutário disciplinado pela Lei n. 8.112/1990, vindicando vantagens salariais referentes a período anterior à Lei n. 8.112, de 1990, quando estavam sujeitos à CLT. 3. Hipótese em que a competência é da Justiça do Trabalho, mesmo se o aforamento da demanda ocorre já na vigência da Lei n. 8.112/1990. 4. Constituição, art. 114. RE 182.040-3/210. Precedentes do STF. 5. Conflito conhecido, declarando-se a competência da Justiça do Trabalho."[37]

---

[36] EDIV. no EDCL. no RE n. 199.561-1-SP, de 20.9.2000 (FEPASA — Ferrovia Paulista S/A *vs.* Irene Cruz Leme e outros). Rel.: Min. Sepúlveda Pertence (DJ n. 196-E, Seção 1, de 10.10.2000, p. 44).

[37] CC 7.028-5-RJ, de 6.9.1995 (Juízo Federal da 16ª Vara da Seção Judiciária do Estado do Rio de Janeiro *vs.* Tribunal Superior do Trabalho — TST. Interessada: União Federal (Sucessora do Extinto INAMPS). Rel.: Min. Néri da Silveira (DJ n. 86-E, Seção 1, de 5.5.2000, p. 20).

3. CONTRIBUIÇÕES PREVIDENCIÁRIAS E FISCAIS — INCIDÊNCIA SOBRE CRÉDITOS TRABALHISTAS

A Constituição de 1988 atribuiu competência à Justiça do Trabalho, através da Emenda Constitucional n. 20, de 15.12.1998, para executar contribuições previdenciárias. São aquelas devidas ao INSS, e não às entidades previdenciárias estaduais ou municipais que tenham previdência própria[38].

Não há, no que tange ao imposto sobre a renda, qualquer previsão constitucional de que seja a Justiça do Trabalho competente para efetuar a cobrança desse tributo, incidente sobre valores devidos em decorrência de suas decisões Há, é certo, a Lei n. 8.541, de 23.12.1992, e o Provimento TST/CG n. 01, de 5.12.1996, que tratam da retenção de imposto sobre a renda na fonte, e não é adequado questionar tais normas. A uma, porque, ao reter o imposto sobre o renda, evita-se a sonegação fiscal. A duas, porque é dever de todos o pagamento de tributos, salvo as exceções legais. A três, porque são decisões da Justiça do Trabalho que se executam, pelo que inexiste incorreção em promover esses recolhimentos no âmbito desse segmento do Poder Judiciário.

A decisão do Min. Marco Aurélio, no AI 265.946-8-PR, de 29.3.2000, aponta para esse norte. Ei-la, na sua integralidade:

---

[38] Quando Corregedor Regional do Tribunal Regional do Trabalho da 8ª Região, fiz editar o Provimento n. 01, de 2.8.1999, explicitando esse aspecto e a forma de procedimento para a execução da contribuição social, para ser observado no 1º grau de jurisdição do Oitavo Regional. Após o advento da Lei n. 10.035, de 25.10.2000, revoguei, pelo Provimento n. 08, de 30.10.2000, o anterior. Os dados coletados pela Corregedoria Regional, durante a minha gestão, contribuíram para que o Posto do INSS instalado no TRT da 8ª Região recebesse o Ministério da Previdência Social.

"Condenação judicial trabalhista — Deduções previdenciárias e fiscais — Inadmissibilidade na origem — RE — Julgamento nos autos do agravo provido.

1. A 3ª Turma do Tribunal Superior do Trabalho negou acolhida a pedido formulado em agravo, pelos seguintes fundamentos:

Entendeu o Regional, a fl. 13, que:

'...não possui competência o Judiciário Trabalhista, para determinar a retenção de contribuições devidas ao fisco e à Previdência Social, na forma do art. 114, da Constituição Federal, como bem delineado pela r. sentença de fl. 199.'

Do quanto decidido, não se vislumbra a apregoada ofensa aos arts. 5º, II e 114 da Constituição Federal, porquanto como bem consignado no r. Despacho denegatório, o v. Acórdão não afrontou de forma direta a Carta Magna, porquanto o dispositivo supra não atribui a competência material a esta Especializada.

Portanto, estando o processo em fase de execução de sentença, somente no caso de demonstração inequívoca de violação direta à Constituição Federal é que o apelo pode ser admitido, conforme o teor do § 4º do art. 896 da CLT e pelo Verbete 266/TST, o que não restou demonstrado (folhas 40 e 41).

No extraordinário cujo trânsito busca alcançar, interposto com alegada base na alínea a do permissivo constitucional, o Banco articulou com o malferimento do art. 5º, inciso II, da Carta Política da República, que consagra o princípio da reserva legal. É que a Corte de origem teria olvidado normas insertas nas Leis de ns. 8.218/91, 8.541/92, 8.212/91, 8.620/93 e no Decreto-lei n. 256/91, que atribuem ao juiz competência para determinar sejam descontados dos créditos por fim apurados, os valores devidos a título de previdência social e imposto de renda (folha 44 à 47).

O Juízo primeiro de admissibilidade registrou a índole processual da discussão e a falta de prequestionamento (folhas 51 e 52).

No agravo de folha 2 à 4, insiste-se no cabimento do extraordinário e aponta-se ter a conclusão impugnada implicado ofensa ao direito de acesso à justiça e da ampla justiça, com os recursos que lhe são cabíveis.

Conforme certificado à folha 55, o Agravado não apresentou contraminuta.

Recebi os autos em 29 de março de 2000.

2. Na interposição deste agravo foram observados os pressupostos de recorribilidade que lhe são inerentes. O Agravante providenciou o traslado das peças mencionadas no art. 544, § 1º, do Código de Processo Civil e os documentos de folhas 5, 32 e 37 evidenciam a regularidade do preparo e da representação processual. Quanto à oportunidade, a decisão atacada restou veiculada no Diário de 17 de março de 1999, quarta-feira (folha 53), ocorrendo a manifestação do inconformismo em 26 imediato, sexta-feira (folha 2), e, portanto, no prazo assinado em lei.

*O tema de fundo é de manifesta repercussão, encontrando lastro na Carta da República. Cumpre definir a possibilidade, ou não, de o réu, em demanda trabalhista, uma vez imposta condenação, vir a satisfazê-la mediante dedução das quotas previdenciária e fiscal (*stricto sensu*). Ao primeiro exame, tem-se não só tal possibilidade como implícita no título executivo-judicial como também o desatendimento do princípio da legalidade, de insuplantável valia quando se vive em um Estado Democrático de Direito. Descabe, no caso, elevar a dogma sacrossanto a jurisprudência segundo a qual a ofensa à Carta da República suficiente a impulsionar o recurso extraordinário há de ser direta e frontal. A assim entender-se, duas garantias constitucionais ficarão fora da guarda do Supremo Tribunal Federal: a referente à legalidade — segundo a qual ninguém é obrigado a fazer ou deixar de fazer alguma coisa, senão em virtude de lei — e a alusiva ao devido processo legal, com os meios de defesa e recursos a ele inerentes e que, em última análise, não estão compreendidos na própria Carta, mas na legislação instrumental comum. Por isso mesmo, caso a caso, a Segunda Turma tem feito distinção. Confira-se com o que decidido nos Recursos Extraordinários ns. 154.159, 158.215, 158.655, 170.463 e 198.016, entre outros. Por ocasião dos julgamentos desses recursos, proclamou-se:*

'Defesa — Devido processo legal — Inciso LV do rol das garantias constitucionais — Exame — Legislação comum. A intangibilidade do preceito constitucional que assegura o devido processo legal direciona ao exame da legislação comum. Daí a insubsistência da tese no sentido de que a violência à Carta Política da República, suficiente a ensejar o conhecimento de extraordinário, há de ser direta e frontal. Caso a caso, compete ao Supremo Tribunal Federal exercer crivo sobre a matéria, distinguindo os recursos protelatórios daqueles em que versada, com procedência, a transgressão a texto constitucional, muito embora torne-se necessário, até mesmo, partir-se do que previsto na legislação comum. Entendimento diverso implica relegar à inocuidade dois princípios básicos em um Estado Democrático de Direito: o da legalidade e do devido processo legal, com a garantia da ampla defesa, sempre a pressuporem a consideração de normas estritamente legais.'

3. Pelas razões supra, *conheço do pedido formulado neste agravo e o acolho, assentando, destarte, o enquadramento do recurso extraordinário no permissivo da alínea 'a' do inciso III do art. 102 da Carta da República. Estando nos autos as peças indispensáveis ao julgamento, neles próprios, do extraordinário, autue-se, distribuindo-se na forma regimental para, após, colher-se o parecer da Procuradoria Geral da República.*

4. Publique-se."[39]

[39] AI 265.946-8-PR, de 29.3.2000 (Banco Industrial e Comercial S/A *vs.* Marco Antônio Ramos). Rel.: Min. Marco Aurélio (DJ n. 93-E, Seção 1, de 16.5.2000, p. 31). Quanto ao Imposto sobre a Renda, v.: AI 260.149-3-SP, de 12.3.2000 (Companhia de Saneamento Básico de São Paulo — SABESP *vs.* José da Silva). Rel.: Min. Marco Aurélio (DJ n. 92-E, Seção 1, de 15.5.2000, p. 12).

4. *DEPOSITÁRIO INFIEL —* HABEAS CORPUS — *COMPETÊNCIA*

A matéria pertinente à prisão de depositário infiel é preocupante. É um dos raros casos de aplicação de pena privativa de liberdade por dívida, constitucionalmente previstos. Apenas duas hipóteses são contempladas pela *Lex Fundamentalis* para que se efetue prisão civil por dívida: inadimplemento de pensão alimentícia e depositário infiel (art. 5º, n. LXVII).

O Excelso Pretório entendeu que, em ocorrendo a hipótese de depositário infiel no âmbito da Justiça do Trabalho, não tem o Juiz do Trabalho competência para efetuar a ordem de prisão, porquanto não é juiz investido de jurisdição criminal.

A decisão é preocupante, porque retira toda a força da ordem judicial, representando, *data venia,* uma *capitis deminutio* para o magistrado trabalhista. Afinal, ele mandou executar a dívida trabalhista, determinou a penhora de bens, designou determinada pessoa seu depositário fiel, ordenou a praça, autorizou a entrega do bem ao arrematando, a que se recusou o depositário. Debalde sucessivas diligências, essa pessoa, investida de um *munus* público, deveria estar sujeita à prisão civil, por ordem do juiz da execução, que é o Juiz do Trabalho. A meu ver, *data venia*, apenas este magistrado deveria ser competente para fazê-lo. Nessa linha, aliás, está a melhor doutrina especializada em matéria processual trabalhista[40]. Porém, não é assim que entende a Corte Suprema. No pensamento do Excelso Pretório, refoge competência à

[40] Nesse sentido, entendem: Eduardo Gabriel Saad ("CLT Comentada", 31ª ed., São Paulo, LTr, 1999, p. 63) e Celso Ribeiro Bastos ("Comentários à Constituição do Brasil (II)", São Paulo, Saraiva, 1989, p. 306), ambos acentuando que a prisão deve ser determinada pelo juiz da execução.

Justiça do Trabalho porque não é juízo criminal. Caberá determinar a prisão do depositário infiel na Justiça do Trabalho o Juiz Federal com jurisdição na área da Vara do Trabalho correspondente. É de se acreditar que esse posicionamento deve ser revisto, em nome da preservação da autoridade da Justiça do Trabalho e dos magistrados que a integram.

No entanto, é esta a decisão contida no HC-80198-6-PA, de 1º.8.2000, da lavra do Min. Maurício Corrêa, que é transcrita a seguir:

> *"Trata-se de medida liminar em* habeas-corpus *(*sic*) em que o impetrante afirma que o paciente está sofrendo coação ilegal por ato da Seção Especializada do Tribunal Regional do Trabalho da 8ª Região, praticado ao denegar o HC n. 1.861/2000, impetrado contra decisão do Juiz Titular da Vara do Trabalho de Santarém, que decretou a sua prisão civil por seis meses com fundamento no parágrafo único do art. 904 do Código de Processo Civil (depositário infiel); esclarece que contra a mesma decisão adversa interpôs recurso ordinário para o Tribunal Superior do Trabalho, que se encontra em fase de processamento.*
>
> *Alega que a Justiça do Trabalho é absolutamente incompetente para processar o* habeas-corpus *(*sic*) que interpôs por não ter competência criminal.*
>
> *Pede medida liminar para que o paciente aguarde em liberdade o recurso interposto para o TST, com expedição de alvará de soltura (fls. 2/10). Junta documentos (fls. 11/62).*
>
> *2. É da jurisprudência desta Corte, orientada pela Constituição e pela lei, que o* habeas-corpus *(*sic*) é ação de natureza penal e, assim, só pode ser processado e julgado por quem tem esta competência. Caso similar ao presente foi decidido no CC n. 6.979-DF, Pleno, Ilmar Galvão (redator para o acórdão),* in *RTJ 144/794, assim ementado:*
>
>> *'Ementa: Conflito de jurisdição.* Habeas corpus. *Ordem de prisão de depositário infiel dada por juiz do trabalho, em processo de execução de sentença proferida em reclamação trabalhista.*

Sendo o habeas corpus, *desenganadamente, uma ação de natureza penal, a competência para seu processamento e julgamento será sempre de juízo criminal, ainda que a questão material subjacente seja de natureza civil, como no caso de infidelidade de depositário, em execução de sentença.*

Não possuindo a Justiça do Trabalho, onde se verificou o incidente, competência criminal, impõe-se reconhecer a competência do Tribunal Regional Federal para o feito.'

3. Ante o exposto, conclui-se que apenas o Tribunal Regional Federal da 1ª Região é competente para processar e julgar o writ *impetrado contra a decisão da JCJ de Santarém.*

4. Deixo de determinar a remessa dos autos ao TRF/1ª porque as informações requisitadas noticiam que foi expedido e cumprido alvará de soltura em favor do paciente (fls. 80/81).

Intime-se e, após, arquive-se."[41]

---

[41] HC 80.198-6-PA, de 1.8.2000 (Edmilson Benevenuto Ribeiro *vs.* Tribunal Regional do Trabalho da Oitava Região). Rel.: Min. Maurício Corrêa (DJ n. 156-E, Seção 1, de 14.8.2000, p. 49).

5. ESTRUTURA DA JUSTIÇA DO TRABALHO

A. Composição de TRT. Emenda Constitucional n. 24/99. Extinção da Representação Classista. Quinto Constitucional

A extinção da representação classista tem gerado graves atropelos à Justiça do Trabalho. Do aspecto estritamente de política judiciária, a extinção dos antigos vogais nas atuais Varas do Trabalho implicou em ampliar os encargos dos Juizes Togados. No 2º grau, o aumento da distribuição de processos aos togados remanescentes e a dúvida quanto ao preenchimento das vagas existentes decorrentes do término da representação paritária são alguns dos aspectos a considerar.

Certos temas foram questionados. Saber se foram efetivamente extintas as vagas com o término da representação de trabalhadores e empregadores é um deles. Esse tema foi superado pela Resolução n. 708/2000, de 29.6.2000 (DJ de 4.7.2000, p. 56), do C. Tribunal Superior do Trabalho e, recentemente, com a nomeação de um juiz de carreira para a vaga aberta, no âmbito do TRT da 10ª Região[42].

Como ficou o quinto constitucional com o surgimento de novas vagas para Juízes Togados? A alteração suscitou dúvidas. A decisão adiante, proferida no MS 23671-0-PE, pelo Min. Marco Aurélio, a 13.4.2000, aponta os questionamentos apreciados pelo STF quanto à participação de advogados. Tem o seguinte teor:

---

[42] Por decreto de 27.12.2000, foi nomeado Juiz Togado do TRT da 10ª Região, o Dr. Mário Macedo Fernandes Caron, Juiz Titular da 16ª Vara do Trabalho de Brasília — DF (DOU de 28.12.2000, Seção 2, p. 1).

"Tribunal Regional do Trabalho — Composição — Destinação de vagas — Extinção da representação classista — Repercussão na participação de advogados.

1. A Ordem dos Advogados do Brasil — Seção de Pernambuco impetra este mandado de segurança coletivo, formulando pedido de concessão de liminar, tendo em conta procedimento destinado ao preenchimento de vaga no Tribunal Regional do Trabalho da 6ª Região, e, portanto, ato a ser praticado pelo Excelentíssimo Senhor Presidente da República.

As razões expendidas revelam haver surgido, com a aposentadoria do Juiz Clóvis Correia de Oliveira Andrade Filho, oriundo da classe dos advogados, e com o falecimento da Juíza Maria Thereza Lafayette de Andrade Bitu, egressa do Ministério Público do Trabalho, vagas que deram origem ao encaminhamento, pela Ordem, de lista sêxtupla, fato ocorrido em 1994. Ocorrera a redução da lista para tríplice, o envio ao Tribunal Superior do Trabalho e, a seguir, ao Executivo. Com o advento da Emenda Constitucional n. 24, de 9 de dezembro de 1999, extinguindo a representação classista na Justiça do Trabalho, surgiram discussões sobre a composição dos Tribunais Regionais do Trabalho, formalizando a Associação dos Magistrados da Justiça do Trabalho local requerimento, visando à elaboração de nova lista, com a participação apenas de juízes de carreira. O Tribunal Regional do Trabalho da 6ª Região veio a deliberar, em sessão administrativa de 16 de março de 2000, sobre a matéria, confeccionando lista composta dos magistrados Gisane Barbosa de Araújo, André Genn de Assunção Barros e Ivan de Souza Valença Alves, procedendo à remessa, para fins de preenchimento da vaga, ao Tribunal Superior do Trabalho, que tem a incumbência de apresentá-la ao Executivo, para escolha do candidato pelo Presidente da República.

Eis as causas de pedir da impetração:

a — Da nulidade do processo administrativo.

A deliberação do Tribunal Regional do Trabalho teria decorrido de requerimento formulado pela AMATRA VI, deixando-se de ouvir a Ordem dos Advogados do Brasil;

b — Da extinção da vaga.

A extinção da representação classista não teria modificado a participação, em si, de advogados e membros do Ministério Público na composição dos Tribunais Regionais do Trabalho. Com a redação imprimida ao § 1º do art. 111 da Constituição Federal, preservou-se, no Tribunal Superior do Trabalho, em que pese a redução do número de ministros para dezessete, três cadeiras destinadas a advogados e idêntico número a serem ocupadas por membros do Ministério Público do Trabalho. A razão de ser da disciplina estaria na especificidade, afastado o quinto do art. 94 da carta, ocorrendo demonstração inequívoca de que jamais se considerou a composição total, ou seja, a existência de classistas para definir-se o número de vagas a serem preenchidas por candidatos oriundos das duas classes — advocacia e Ministério Público. No art. 115, ter-se-ia a regra segundo a qual há de ser atendida, nos Tribunais Regionais do trabalho, a mesma proporcionalidade existente no Tribunal Superior do Trabalho, justificando-se a referência ao art. 94, contida no § 2º do art. 111, com a necessidade de o procedimento, simples procedimento, nele previsto ser observado.

c — Do vício formal.

O Tribunal Regional do Trabalho teria adentrado o campo reservado à lei, no sentido formal e material, ao dispor sobre a respectiva constituição decorrente do afastamento dos classistas. Com isso, teria desrespeitado as normas dos arts. 48, incisos IX e X, e 68, § 1º, inciso I, da Constituição Federal.

d — Do direito adquirido.

À mercê de lição de Limongi França, sustenta-se que a aposentadoria do juiz Clóvis Correia de Oliveira Andrade Filho fez gerar o direito de a Ordem vir a confeccionar a lista sêxtupla para o preenchimento da vaga, a ser reduzida pelo Tribunal Regional do Trabalho e encaminhada ao Presidente da República, tal como ocorreu na espécie. A demora na escolha do integrante não seria de molde a afastar a valia do procedimento, o direito de ver-se a vaga ocupada por profissional da advocacia.

Pleiteia-se a concessão da liminar, esclarecendo-se haver o Ministro Sepúlveda Pertence deferido liminar no Mandado de Segurança n. 23.647-7, no que versada a mesma problemática pela Associação Nacional dos Procuradores do Trabalho, relativamente a vaga existente no Tribunal Regional do Trabalho da 15ª Região e a ser preenchida por membro do Ministério Público. Diz-se da relevância da articulação e do risco de manter-se com plena eficácia o quadro, requerendo-se a citação dos interessados — dos componentes da nova lista — e, alfim, a concessão da segurança para que o Excelentíssimo Senhor Presidente da República abstenha-se de nomear qualquer dos integrantes da lista tríplice por último encaminhada e que envolve os nomes dos magistrados de carreira Gisane Barbosa de Araújo, André Genn de Assunção Barros e Ivan de Souza Valença Alves.

Com a inicial, vieram os documentos de folha 18 à 26.

2. Bem o disse o Ministro Sepúlveda Pertence ao conceder a liminar no Mandado de Segurança n. 23.647-7/DF:

> *'A controvérsia, logo se percebe, é relevante e intrincada.*
>
> *E ainda que a temida nomeação, na pendência do processo, não gere fato juridicamente irreversível, entendo ser de inequívoca conveniência dos interessados e da máquina judiciária que não se viabilize a investidura de juiz* sob judice*'.*

No caso dos autos, pinço, das diversas causas de pedir, a relativa ao devido processo legal, no que o Tribunal Regional do Trabalho da 6ª Região veio a fulminar deliberação anterior, fazendo-o a partir de requerimento da AMATRA VI, sem a audição da Seccional da Ordem dos Advogados do Brasil de Pernambuco no que lograra situação definida. Deixo para examinar as não menos importantes matérias versadas na inicial quando da elaboração do voto a ser proferido por força do julgamento do mandado de segurança.

3. Defiro a liminar nos termos em que pleiteada, ou seja, para que o Excelentíssimo Senhor Presidente da República não venha a proceder à nomeação visando ao preenchimento da vaga decorrente da aposentadoria do Juiz Clóvis Correia de Oliveira Andrade Filho, considerada a lista tríplice composta dos juízes de carreira Gisane Barbosa de Araújo, André Genn de Assunção Barros e Ivan de Souza Valença Alves.

4. Solicitem-se informações aos Impetrados.

5. Citem-se a União Federal e os litisconsortes passivos Gisane Barbosa de Araújo, André Genn de Assunção Barros e Ivan de Souza Valença Alves.

6. Publique-se."[43]

O outro caso, igualmente envolvendo o quinto constitucional, é o despacho do Ministro Presidente do C. Tribunal Superior do Trabalho, admitindo recurso extraordinário, no qual o Ministério Público do Trabalho questionou a inalterabilidade da forma de cálculo. Trata-se do Proc. TST-RE-RMA-633.706/2000.6, cujo despacho é o seguinte:

"O C. Tribunal Pleno negou provimento ao Recurso em Matéria Administrativa interposto pelo Ministério Público do Trabalho da 2ª Região, ao fundamento de que a Emenda Constitucional n. 24, de 9.12.99, não alterou a fórmula do cálculo do 'quinto constitucional', destinado a Advogados e membros do Ministério Público. Com amparo no art. 102, inciso III, § 2º, e 115, o Parquet *interpõe recurso extraordinário. Contra-razões inexistentes.*

É cabível o recurso extraordinário, tendo em vista o preenchimento dos pressupostos necessários à sua admissibilidade, uma vez que o tema constitucional foi objeto de enfrentamento direto na decisão recorrida. Com efeito, constando da fundamentação do decisum *(CPC, art.*

---

[43] MS 23.671-0-PE,medida liminar, de 15.4.2000 (Ordem dos Advogados do Brasil — Secção de Pernambuco *vs.* Presidente da República e Tribunal Regional do Trabalho da Sexta Região. Litisconsortes: Gisane Barbosa de Araújo e outros). Rel.: Min. Marco Aurélio (DJ n. 82-E, Seção 1, de 28.4.2000, p. 107).

458, inciso II) a exposição das operações lógicas desenvolvidas no exame do direito, ficou prequestionada a matéria trazida a juízo.

Ante a possível violação dos dispositivos constitucionais apontados, admito o recurso.

Publique-se."[44]

B. Desmembramento de Regiões Trabalhistas

A questão examinada na ADIn 306-2-DF é pertinente ao desmembramento de Regiões Trabalhistas e a conseqüente alteração de lista de juizes de carreira para compor o Tribunal recém-criado.

Foi declarada a inconstitucionalidade de dispositivos das Leis ns. 7.872, de 8.11.1989, e 7.873, de 9.11.1989. A primeira deu origem à 17ª Região, desmembrando-a da 1ª Região. A segunda fez surgir a 18ª Região, desmembrada da 10ª Região.

O aresto, da lavra do Min. Néri da Silveira, de 23.10.1996, publicado no DJ de 3.5.2000, tem o seguinte teor:

"Ação direta de inconstitucionalidade. 2. Inconstitucionalidade parcial do inciso I, do art. 3º, da Lei n. 7.872, de 1989, e inciso I, do art. 3º, da Lei n. 7.873, além da parte final dos parágrafos únicos dos referidos artigos. 3. Cautelar deferida. 4. Previsão de elaboração de listas tríplices autônomas com Juízes Presidentes de Juntas de Conciliação e Julgamento de cada uma das áreas que integravam a Região desmembrada. Alegação de ofensa aos arts. 115, parágrafo único, I e 93, III, ', da Constituição. 5. Ação direta de inconstitucionalidade julgada procedente para declarar no inciso I do art. 3º, das Leis n. 7.872, de 8.11.89, e 7.873, de 9.11.89, a inconstitucionalidade das expressões: 'com o aproveitamento de 2 (dois) Juízes da 1ª região da Justiça do Trabalho e 2 (dois) Juí-

---

[44] Proc. TST-RE-RMA 633.706/2000-TRT 2ª Região, de 26.10.2000 (Ministério Público do Trabalho *vs.* Tribunal Regional do Trabalho da Segunda Região). (DJ n. 213-E, Seção 1, de 6.11.2000, p. 455).

zes da área desmembrada apurada a antigüidade em razão do efetivo exercício da judicatura na respectiva área, ainda que em períodos descontínuos', e, no parágrafo único, do mesmo art. 3º das referidas leis, das expressões: 'só podendo integrar aquelas listas os Juízes do Trabalho Presidentes de Junta de Conciliação e Julgamento que tenham jurisdição nas respectivas áreas há, pelo menos, 2 (dois) anos da data da publicação desta lei." [45]

[45] ADIn n. 306-2-DF, de 23.10.1996 (Procurador-Geral da República *vs.* Congresso Nacional e Presidente da República). Rel. Min. Néri da Silveira (DJ n. 45-E, Seção 1, de 3.3.2000, pp.57-8).

6. EMPRESA PÚBLICA — PENHORA

Um dos graves problemas do Poder Judiciário é a execução de suas decisões. Quando está envolvido, no polo passivo, algum ente público, a questão fica mais tormentosa ainda.

No AI 277.315-1-SC, o Min. Marco Aurélio decidiu, a 26.6.2000, no sentido de mandar processar o recurso extraordinário interposto pela Empresa Brasileira de Correios e Telégrafos — ECT, tendo em conta dois aspectos, a seu ver altamente relevante: primeiro, o fato de serem impenhoráveis bens de empresa pública[46]; segundo, desenvolver a empresa serviço público puro, mantido pela União (art. 28, X, da Constituição em vigor).

Tem o decisório o seguinte teor:

> *"Empresa pública — Serviço público — Execução — Penhora — Inadmissibilidade — Agravo provido.*
>
> *1. O recurso extraordinário cujo trânsito busca-se alcançar foi interposto, com alegada base na alínea* a *do permissivo constitucional, contra acórdão proferido pela Segunda Turma do Tribunal Superior do Trabalho que implicou o não-acolhimento de pedido formulado em agravo, pelos seguintes fundamentos:*
>
> > *'Trata a hipótese dos autos de Recurso de Revista interposto contra decisão proferida em Agravo de Petição.*
> >
> > *Constou do r. despacho presidencial que:*
> >
> > *'A egrégia Primeira Turma desta Corte, na v. decisão de fls. 205/209, deu provimento ao agravo de*

[46] Acerca desse tema, v. vol. 1, pp. 106-113, desta coletânea.

petição interposto pela executada para determinar que a execução prossiga de forma ordinária, nos termos do art. 876 e seguintes da Consolidação das Leis do Trabalho. O v. acórdão regional sintetiza na ementa o seguinte entendimento:

Bens da ECT. Penhorabilidade.

'O art. 12 do Decreto-lei n. 509/69 não foi recepcionado pela vigente Constituição. Os débitos trabalhistas da Empresa Brasileira de Correios e Telégrafos não se submetem ao regime precatório, por se tratar de empresa pública que explora atividade econômica, sujeitando-se às mesmas condições das empresas privadas quanto às obrigações trabalhistas, conforme a regra estampada no § 1º do art. 173 da Constituição Federal.

Irresignada, a executada interpõe recurso de revista. Sustentando a tese de que goza dos privilégios da Fazenda Pública, especialmente o da impenhorabilidade do seu patrimônio, nos termos do art. 100 da Constituição Federal.

O apelo há de ser examinado sob o aspecto de ofensa à Constituição da República, única hipótese capaz de ensejar o seu processamento na fase de execução, a teor do disposto no § 4º do art. 896 da Consolidação das Leis do Trabalho e consoante a orientação sedimentada no Enunciado n. 266 da colenda Corte Revisora.

Tendo em vista o Precedente Jurisprudencial n. 87 da Seção de Dissídios Individuais do colendo Tribunal Superior do Trabalho, não vislumbro ofensa à literalidade dos preceitos constitucionais invocados no arrazoado. Em razão disso, denego seguimento ao recurso'. (fls. 64/65).

Pelo próprio teor do r. despacho denegatório, nada há ser alterado, pelo que nego provimento ao Agravo (folhas 78 e 79)'.

Articula-se com o malferimento dos arts. 5º, incisos II e LIV, 100 e 165, § 5º, da Carta Política da República, bem como do art. 730 do Código de Processo Civil, insistindo-se em que a Agravante, empresa pública exercente da atividade própria do Estado e tendo o patrimônio constituído de bens públicos, está sujeita aos princípios da universalidade e da anualidade orçamentária, bem como ao precatório como forma de execução de títulos judiciais, tudo em razão da impenhorabilidade dos bens. Discorre-se sobre a controvérsia, aludindo-se a precedentes jurisprudenciais (folha 81 à 96).

O Juízo primeiro de admissibilidade disse da natureza processual da discussão e da falta de prequestionamento (folhas 100 e 101).

O agravo não apresentou contraminuta (certidão de folha 100).

Recebi os autos em 13 de junho de 2000.

2. Na interposição deste agravo foram observados os pressupostos de recorribilidade que lhe são inerentes. A Agravante providenciou o traslado das peças previstas no art. 544, § 1º, do Código de Processo Civil e os documentos de folhas 7 e 98 evidenciam a regularidade da representação processual e do preparo. No tocante à oportunidade, a decisão atacada restou veiculada no Diário de 30 de julho de 1999, sexta-feira (folha 101), ocorrendo a manifestação do inconformismo em 10 de agosto imediato, terça-feira (folha 2), e, portanto, no prazo assinado em lei.

Se de um lado é certo haver a Corte de origem assentado a penhorabilidade dos bens da Agravante à luz do disposto no § 1º do art. 173 da Constituição Federal — a empresa pública, a sociedade de economia mista e outras entidades que explorem atividade econômica sujeitam-se ao regime jurídico próprio das empresas privadas, inclusive quanto às obrigações trabalhistas e tributárias —, de outro não menos correto é que se cuida, na espécie, não de uma atividade econômica, em si, mas de um serviço público puro que, a teor do disposto no inciso X do art. 21, compete à União manter. O tema versado neste processo está submetido ao Plenário desta Corte, para *que se defina se houve, ou não, violência à Carta da República (Recurso Extraordinário 225.011-0 MG). Vale frisar que o envolvimento, na controvérsia, de norma inserta no Diploma Maior exclui a possibilidade de se cogitar de interpretação razoável: ou bem o provimento judicial se lhe mostra harmônico, ou o contrário.*

3. Conheço do pedido formulado neste agravo e o acolho para determinar o processamento do extraordinário.

4. Publique-se."[47]

[47] AI 277.315-1-SC, de 26.6.2000 (Empresa Brasileira de Correios e Telégrafos — ECT *vs.* Marcelo Brauna do Nascimento). Rel.: Min. Marco Aurélio (DJ n. 161-E, Seção 1, de 21.8.2000, p. 16). No mesmo sentido: AI 266.707-3-PA, de 23.3.2000 (Empresa Brasileira de Correios e Telégrafos *vs.* Adeoclécio Bentes Matos). Rel.: Min. Marco Aurélio (DJ n. 89-E, Seção 1, de 10.5.2000, p. 23); AI 277.012-3-PA, de 7.7.2000 (Empresa Brasileira de Correios e Telégrafos — ECT *vs.* Rosivan Soares Costa). Rel.: Min. Marco Aurélio (DJ n. 159-E, Seção 1, de 17.8.2000, p. 11-2).

7. *FOTOCÓPIAS — AUTENTICAÇÃO — CERTIDÃO — VALIDADE*

As certidões de autenticação de documentos têm ensejado o não-conhecimento de apelos nas Cortes Superiores. Ora porque pouco esclarecedoras do que realmente autenticam. Ora porque genéricas demais, a ponto de não se identificar a que peças se referem. Ora porque o instrumento encontra-se eivado de vícios, porque mal formado, seja por descuido dos servidores, assoberbados de múltiplas tarefas, seja por desinteresse da parte, às voltas com outros afazeres.

O problema relativo à autenticação ensejou, por muito tempo, não serem conhecidos agravos de instrumentos oriundos do TRT da 2ª Região, sediado em São Paulo (capital), nos quais as certidões eram genéricas, sem explicitar o que, ao cabo, estavam validando.

No AI 260.553-8-SP, em decisão de 16.3.2000, o Min. Marco Aurélio entendeu que a certidão, embora genérica, prestase para validar os documentos acostados com o agravo de instrumento, determinando o processamento do recurso extraordinário para melhor exame da matéria.

Tem a decisão o seguinte teor:

> *"Processo — Instrumentalidade — Fotocópias — Autenticação — Certidão desprezada — Devido processo legal — Agravo provido.*
>
> *1. O Tribunal Superior do Trabalho não conheceu do agravo manifestado pelo ora Agravante, registrando não ter sido observada a necessidade de autenticação das peças que formam o traslado, já que destituída de validade, por não especificar as peças a que se refere, a certidão constante dos autos (folhas 62 e 63).*

Rejeitados os declaratórios que se seguiram (folha 67 à 69), deu-se a protocolação dos embargos de que cuida o art. 894 da Consolidação das Leis do Trabalho, não conhecidos mediante a decisão de folha 80 à 83, pelos seguintes fundamentos:

> *'O § 1º do art. 544 do CPC determina que o agravo de instrumento será instruído com as peças apresentadas pelas próprias partes, sendo evidente que tais peças, se estiverem em fotocópias, devem estar devidamente autenticadas, conforme determina o art. 830 da CLT. Outra não é, inclusive, a orientação dada pela Instrução Normativa n. 06/96 — TST, que uniformiza o procedimento do Agravo de Instrumento no âmbito da Justiça do Trabalho, não permitindo se admitam cópias não autenticadas para a formação do apelo.*
>
> *Frise-se que a Suprema Corte, ao julgar o Ag 137.645-7, em 2.2.94, publicado no DJ de 15.9.95, rejeitou proposta de reformulação da Súmula 288, reafirmando a tese de que compete ao Agravante a vigilância e supervisão da formação do instrumento de agravo, mesmo nos casos em que as peças processuais devam ser juntadas, como ato de ofício, por funcionário da secretaria. Assim, não obstante o teor da Resolução GP 05/95 e Portaria n. 09/98, do Tribunal Regional da 2ª Região, cabia ao Agravante verificar a regular formação do traslado, inclusive da validade da certidão de autenticação emitida pela Corte originária.*
>
> *A certidão, por outro lado, é por demais genérica, não se referindo a qualquer peça especificamente, razão de não possuir validade. O fato de as peças terem sido autuadas, numeradas e carimbadas pelo TRT originário, não supre a exigência quanto à autenticação, ante as formalidades processuais específicas necessárias à validade das xerocópias trazidas aos autos.*
>
> *Por outro lado, desatendidos o art. 830 da CLT e o item X da Instrução Normativa n. 06 do TST, não*

prospera a alegação de que a parte contrária não impugnou a autenticidade das peças trasladadas para o instrumento. O julgador está obrigado a verificar os pressupostos formais relativos ao Agravo, independentemente de provocação da Parte contrária. Não cabe falar, outrossim, em contrariedade ao Enunciado 272/TST, porque a não autenticidade das peças importa na sua não existência. A Turma, na verdade, observou o disposto no Verbete sumulado (folhas 82 e 83).'

No extraordinário, cujo trânsito busca-se alcançar, interposto com alegada base na alínea a *do permissivo constitucional, articulou-se com o malferimento do art. 5º, incisos XXXV e LV e 93, inciso IX, da Carta Política da República, argüindo-se a nulidade do julgado por negativa de prestação jurisdicional, no que rejeitados os declaratórios sem a análise da questão relativa à autenticação das peças, e insistindo-se no fato de que todas as peças trasladadas estariam autenticadas, diante da validade da certidão de folha 64 dos autos principais. Alude ao procedimento adotado pelo Tribunal Regional do Trabalho da 2ª Região (folha 85 à 89).*

O Juízo primeiro de admissibilidade disse da natureza processual da matéria (folha 93).

O Agravante, nas razões de folha 2 à 6, renova os argumentos contidos no extraordinário, e reafirma a violência frontal aos incisos XXXV e LV do art. 5º e IX do art. 93 da Constituição Federal.

A Agravada não apresentou contraminuta (certidão de folha 95).

2. Na interposição deste agravo foram observados os pressupostos de recorribilidade que lhe são inerentes. O Agravante providenciou o traslado das peças previstas no art. 544, § 1º, do Código de Processo Civil, e os documentos de folhas 7 e 61 evidenciam a regularidade do preparo e da representação processual. Quanto à oportunidade, restou respeitado o prazo de dez dias assinado em lei.

A Corte de origem admitiu, nos autos com os quais se defrontou, a existência de certidão reveladora da fidelidade de peças trasladadas em fotocópias. Deixou de considerá-la, porquanto silente na especificidade. Eis um caso que, ao primeiro exame, denuncia o fetichismo da forma, a colocação em plano secundário do princípio da razoabilidade. De início, em prol do devido processo legal, iniludivelmente uma garantia constitucional, haveria de presumir-se não o excepcional, o extravagante, mas o ordinário, ou seja, a cobertura, pela certidão formalizada, dos documentos juntados em cópias. Conforme proclamado pela Segunda Turma, há de admitir-se o recurso extraordinário, quando configurada a violência quer ao princípio da legalidade, quer ao devido processo legal. Saber-se do respeito a essas garantias, a essas franquias, pressupõe sempre a consideração de normas estritamente legais. Daí a inviabilidade, sob pena de tomá-los como inócuos, de alçar-se a dogma sacrossanto jurisprudência segundo a qual apenas a violência direta e frontal à Carta impulsiona o recurso extraordinário, como se outras espécies de infringência fossem de valia menor. Confira-se com o que decidido pela Segunda Turma no julgamento dos Recursos Extraordinários ns. 154.159, 158.215, 158.655, 170.463 e 198.016, quando deixou assentado:

> *'Defesa — Devido processo legal — Inciso LV do rol das garantias constitucionais — Exame — Legislação comum. A intangibilidade do preceito constitucional que assegura o devido processo legal direciona ao exame da legislação comum. Daí a insubsistência da tese no sentido de que a violência à Carta Política da República, suficiente a ensejar o conhecimento de extraordinário, há de ser direta e frontal. Caso a caso, compete ao Supremo Tribunal Federal exercer crivo sobre a matéria, distinguindo os recursos protelatórios daqueles em que versada, com procedência, a transgressão a texto constitucional, muito embora torne-se necessário, até mesmo, partir-se do que previsto na legislação comum. Entendimento diverso implica relegar à inocuidade dois princípios básicos em um Estado Democrático de Di-*

reito: o da legalidade e do devido processo legal, com a garantia da ampla defesa, sempre a pressuporem a consideração de normas estritamente legais.'

3. Pelas razões supra, *conheço do pedido formulado neste agravo e o acolho para que o extraordinário tenha regular processamento. Estando nos autos as peças indispensáveis ao julgamento, neles próprios, do citado recurso, autue-se, procedendo-se à distribuição na forma regimental. Após, colha-se o parecer da Procuradoria Geral da República.*

4. Publique-se."[48]

[48] AI 260.553-8-SP, de 13.3.2000 (UNIBANCO — União dos Bancos Brasileiros S/A *vs.* Cristiane Camargo). Rel.: Min. Marco Aurélio (DJ n. 86-E, Seção 1, de 5.5.2000, p. 49).

8. PRECATÓRIO — DISCUSSÃO SOBRE CÁLCULOS — MOMENTO PRÓPRIO

Tormentosa é, como de todos sabido, a execução na Justiça do Trabalho. Mais ainda quando se trata de ente público. Exageradamente protegidos, dificultam, fato notório, as execuções, culminando com o atraso no cumprimento dos precatórios[49].

No caso abaixo, o Min. Marco Aurélio, ao despachar o AI 249.470-7-BA, a 14.3.2000, negou-lhe acolhida, entendendo, em síntese, que a Fundação IBGE, ao pretender demonstrar erro na elaboração dos cálculos de liquidação, alegando ter havido ofensa ao devido processo legal, na verdade apenas "*olvida, a mais não poder, a organicidade e a dinâmica do Direito*". Alerta, sabiamente, o Min. Marco Aurélio que "*é preciso que as entidades públicas acostumem-se com a obrigatoriedade de liquidarem os respectivos débitos, adotando, assim, postura norteadora da atividade desenvolvida pelo cidadão comum*".

A decisão tem o seguinte teor:

> *"Precatório — Liquidação — Discussão sobre cálculos — Extemporaneidade — Agravo desprovido.*
>
> *1. O Órgão Especial do Tribunal Superior do Trabalho acolheu parcialmente pedido formulado em agravo, pelos fundamentos assim sintetizados:*
>
> > *'Agravo regimental em reclamação correicional. Precatório. Pagamento.*
> >
> > *Ausência da inclusão do precatório no orçamento ou crise financeira por que passa o devedor não têm*

[49] V. vol. 2, pp. 112-122, desta coletânea.

o condão de impedir a execução da sentença. Lícito o despacho ordenando o seqüestro de verba pública no valor do precatório. Subversão à ordem processual, ao determinar a apreensão de verbas em valores atualizados. Instrução Normativa n. 11 do Egrégio Tribunal Superior do Trabalho. Agravo Regimental em Reclamação Correicional provido parcialmente (folha 303).'

Exsurgiram sucessivos embargos de declaração, ambos acolhidos para que se prestassem esclarecimentos (folhas 317 à 320 e 333 à 336).

No extraordinário cujo trânsito almeja alcançar, interposto com alegada base na alínea a do permissivo constitucional, o IBGE articulou com o malferimento dos arts. 5º, incisos XXXV, XXXVI, LIV e LV, e 100, § 2º, da Carta Política da República. Discorreu sobre a controvérsia e buscou demonstrar a existência de erro material na elaboração dos cálculos de execução, o que estaria a autorizar a anulação de todos os atos processuais praticados desde a homologação dos cálculos, feita em desrespeito à coisa julgada e ao direito líquido e certo do Agravante, procedendo-se a remessa dos autos à 'Contadoria Judicial para a revisão e elaboração de novos cálculos, permitindo às partes o contraditório e a ampla defesa, com a produção de todas as provas, como deferido às fls. 73 em respeito ao devido processo legal — due process of law, *como também retornar as coisas ao status quo ante, com a devolução do que eventualmente tenha sido arrecadado das contas do IBGE' (folha 361). Reportou-se a precedentes jurisprudenciais no sentido da possibilidade de sanar-se erro de cálculo a qualquer momento, seja de ofício ou a requerimento da parte, e ressaltou a inexistência do pressuposto ensejador do seqüestro: a preterição do direito de precedência (folha 339 à 361).*

O Juízo primeiro de admissibilidade registrou a ausência de matéria constitucional a ensejar a manifestação desta Corte (folhas 366 e 367).

Na peça de folha 2 à 23, o Agravante requer, inicialmente, seja concedido efeito suspensivo ao agravo, na forma do disposto no art. 527, inciso II, do Código de Processo Civil, de aplicação analógica à espécie, discorrendo ainda sobre a plausibilidade da demanda. Alude ao perigo de causar-se lesão irreparável ou de difícil reparação ao próprio patrimônio, e defende o cabimento do extraordinário.

Conforme certificado à folha 370, os Agravados não apresentaram contraminuta.

Mediante a decisão de folhas 374 e 375, deixei de conhecer do agravo em face à deficiência do traslado, vindo a reconsiderar o ato após o exame do agravo inominado de folha 377 à 386.

Recebi os autos em 17 de fevereiro de 2000.

2. Na interposição deste agravo foram observados os pressupostos de recorribilidade que lhe são inerentes. A peça, subscrita por procurador autárquico, veio acompanhada dos documentos previstos no art. 544, § 1º, do Código de Processo Civil, e restou protocolada no prazo em dobro a que tem jus o Agravante.

A Fundação opõe à liquidação do precatório no momento propício a erronia dos cálculos relativos ao título executivo-judicial. Olvida, a mais não poder, a organicidade e a dinâmica do Direito, pretendendo voltar, sem respaldo no ordenamento jurídico vigente, a fase de há muito ultrapassada. É preciso que as entidades públicas acostumem-se com o obrigatoriedade de liquidarem os respectivos débitos, adotando, assim, postura norteadora da atividade desenvolvida pelo cidadão comum. Conforme consignado no acórdão proferido pelo Tribunal Superior do Trabalho, o precatório foi devidamente expedido, requisitando-se a quantia nele retratada. Somente após o prazo atinente ao cumprimento, somente após os dezoito meses que decorrem do preceito do § 1º do art. 100 da Constituição Federal, o devedor lembrou-se de equívoco, que, na respectiva óptica, está retratado nos cálculos relativos à liquidação do título judicial. Daí a impertinência absoluta deste agravo, merecendo endosso a decisão do Presidente da Corte de origem que resultou na negativa de trânsito ao extraordinário.

3. Pelas razões supra, *conheço do pedido formulado neste agravo, mas a ele nego acolhida.*

4. Publique-se."[50]

[50] AI 249.470-7-SP, de 14.3.2000 (Fundação Instituto Brasileiro de Geografia e Estatística — IBGE *vs.* Adauto Lima Santiago e outros). Rel.: Min.: Marco Aurélio (DJ n. 73-E, Seção 1, de 14.4.2000, p. 59).

9. PRESCRIÇÃO

A prescrição é importante para o Direito e para a tranqüilidade das relações jurídicas. Sem ela, ficaria a sociedade na insegurança da indefinição. O art. 7º, XXIX, da Carta Constitucional em vigor, cuida dessa matéria. A seguir, são apresentados dois arestos cuidando de aspectos específicos de natureza prescricional.

A. Ministério Público. Argüição

No caso abaixo, que é a decisão do Min. Marco Aurélio, de 15.9.2000, no RE 264.299-1-RN, o que se verificou foi a interposição de recurso do Ministério Público do Trabalho, com argüição de prescrição em favor do ente público, que, todavia, não foi apreciada, tendo em vista a celebração de acordo entre as partes.

Tem o seguinte teor o *decisum*:

> *"Recurso extraordinário — Impugnação a decisão que não se revela de última instância — Competência do Ministério Público para argüir prescrição em favor de ente público — Superveniência de acordo entre as partes — Prejuízo do recurso — Negativa de seguimento.*

1. O Tribunal Regional do Trabalho da 21ª Região, no exercício do duplo grau de jurisdição, houve por bem manter a sentença, pelos fundamentos assim sintetizados:

> *'Contato Válido: títulos rescisórios devidos.*
>
> *Correta a sentença que deferiu verbas rescisórias na falta de prova do seu pagamento e em face da ausência do reclamado à audiência inaugural, configurando-se a revelia e a ficta confessio (folha 32).*

O Ministério Público do Trabalho manifestou embargos de declaração, defendendo a própria legitimidade para, na defesa do patrimônio público e social, argüir a prescrição em favor do ente público. A medida foi acolhida parcialmente, consignando-se, na ementa:

> 'Embargos Declaratórios: prescrição. Argüição pelo Ministério Público.
>
> Deve ser desconsiderada a argüição de prescrição feita isoladamente no Parecer do Ministério Público do Trabalho. O acolhimento dos embargos é parcial e somente para suprir a omissão apontada. Esclareça-se, entretanto, que o acolhimento da prescrição não viola os arts. 129, incisos III e IX, da Constituição Federal nem o art. 5º, inc. III, letra b, da Lei Complementar n. 75/93 (folha 53).'

No extraordinário de folha 68 à 88, interposto com alegada base na alínea 'a' do permissivo constitucional, o Ministério Público argumenta com o malferimento dos arts. 127 e 129, incisos III e IX, da Carta Política da República. Assevera, inicialmente, estar-se diante de decisão de última instância, porquanto incabível, na espécie, o recurso de revista, nos termos do disposto no § 5º do art. 896 da Consolidação das Leis do Trabalho. É que o Tribunal Superior do Trabalho firmou jurisprudência no sentido de ilegitimidade do Ministério Público para, atuando na qualidade de custos legais, articular com a prescrição em defesa de entidade de direito público. Em passo seguinte, discorrendo acerca das próprias atribuições, entre as quais a proteção do patrimônio público, sustenta ser parte legítima para suscitar a prescrição.

Conforme certificado à folha 94, o Recorrido não apresentou contra-razões, constando da peça de folha 95 à 97 o procedimento atinente ao juízo primeiro de admissibilidade.

Recebi os autos em 9 de março de 2000 e, em 15 imediato, neles despachei, intimando o Recorrente para, em face do acordo celebrado entre as partes e comunicado pela Corte de origem, dizer sobre eventual prejuízo do *extraordinário. Daí o pronunciamento de folha 126 à 128, por meio do qual o Ministério Público aponta ter interesse no julgamento do recurso, até porque a composição realizada entre Reclamante e Reclamado mostra-se eivada de vícios, comprometendo, destarte, a existência e validade do ajuste.*

2. Ressalto, de plano, que, diante do acordo notificado à folha 106 e homologado na Junta de Conciliação e Julgamento de origem, consoante se depreende do documento de folha 107, ficou prejudicado o exame do recurso interposto pelo Ministério Público. A par desse aspecto, registre-se não se tratar, no caso, de impugnação voltada contra decisão de única instância, porque pertinente, à luz do art. 896 da Consolidação das Leis do Trabalho, o recurso de revista. O fato de o entendimento adotado no acórdão atacado harmonizar-se com a jurisprudência do Tribunal Superior do Trabalho não exime a parte de protocolar o recurso, nem a autoriza a lançar mão, de logo, do extraordinário. Não restou observada, assim, a norma do inciso III do art. 102 da Lei Fundamental.

3. Destarte, nego seguimento ao recurso.

4. Publique-se."[51]

B. Trabalhador Rural

O Ministro Presidente do C. TST admitiu recurso extraordinário do Banco do Brasil S/A, onde era questionada a prescrição do trabalhador rural, anterior à Emenda Constitucional n. 28, de 25.5.2000, que igualou os prazos prescricionais. Trata-se de despacho no Proc. TST-RE-ED-ROAR-331.971/96.9, oriundo da 1ª Região, de 2.5.2000, com o seguinte teor:

"O Banco do Brasil S/A, com base no art. 102, inciso III, alíneas a *e* b*, da Carta da República, e reputando vulnerados os seus arts. 5º, incisos XXXV, LIV e XXIX,*

[51] RE 264.299-1-RN, de 15.9.2000 (Ministério Público do Trabalho *vs.* Severino Amadeu de Lima). Rel.: Min. Marco Aurélio (DJ n. 215-E, Seção 1, de 8.11.2000, pp. 116-7).

alínea a*, e 93, inciso IX, manifesta Recurso Extraordinário contra acórdão da colenda Subseção II Especializada em Dissídios Individuais, que negou provimento ao seu Recurso Ordinário em ação Rescisória originária do TRT da 1ª Região, sob o fundamento de ser de natureza prescricional o prazo de dois anos previsto no art. 7º, inciso XXIX, alínea* a*, da Lei Fundamental, após o término do contrato de trabalho do trabalhador urbano, para ajuizar reclamação trabalhista tendo por objeto o recebimento de créditos resultantes das relações de trabalho.*

Ao lado dos argumentos tendentes a demonstrar ter havido sonegação da prestação jurisdicional, inobservância do devido processo legal e estar desfundamentado o aresto recorrido, o Banco alinha considerações com o fito de atribuir a natureza decadencial do prazo de dois anos a que alude o citado art. 7º, inciso XXIX, alínea a*, da Carta Política. E para suporte da tese jurídica que esposa, traz à colação excertos doutrinários e aresto do antigo Tribunal Federal de Recursos.*

Não foram apresentadas contra-razões.

Afigura-se-me peremptório o lapso temporal de dois anos reservado ao trabalhador urbano, após extinto o respectivo contrato de trabalho, para postular direitos que entenda fazer jus, relacionados com a relação empregatícia, sob pena de perecimento do próprio direito acaso conquistado.

Ante a possível afronta à regra constitucional em comento, admito o recurso e determino o envio dos autos ao colendo Pretório Excelso, que, em nosso sistema jurídico, é o guardião da Lei Fundamental.

Publique-se."[52]

[52] Proc. TST-RE-ED-ROAR 331.971/96.9,TRT-1ª Região, de 2.5.2000 (Banco do Brasil S/A *vs.* Ney Heddo Monteiro Bentes). (DJ n. 101-E, Seção 1, de 26.5.2000, p. 597).

10. PROCEDIMENTO SUMARÍSSIMO

A Lei n. 9.957, de 12.1.2000, introduziu, na Justiça do Trabalho, o que se chamou *procedimento sumaríssimo*. A esse respeito, tive ocasião de manifestar-me reiteradas vezes, desde o encaminhamento do projeto ao Parlamento, em 1998, quer em conferências em diversas cidades brasileiras, quer em artigos doutrinários[53]. Minha opinião acerca desse procedimento ainda não se alterou, porque não consegui, até o momento presente, vislumbrar nada de relevante e de realmente inovador nas reformas trazidas, salvo três *grandes* novidades: o número de testemunhas foi reduzido de três para duas (mas, nada impede seja ampliado através de testemunhas referidas); o recurso sofreu restrições para sua admissibilidade; e o julgamento do apelo processa-se mediante simples certidões (essas duas alterações realmente dignas de encômios).

Consoante o art. 852-B, n. II, da CLT, introduzido pela Lei n. 9.957/2000, no procedimento sumaríssimo não cabe citação por edital. Acredito que a medida não é boa. Casos há em que é impossível não citar a parte adversa por edital, como, *v.g.*, o desconhecimento do paradeiro do empregador. A meu ver, todavia, ao entender que não cabe, no procedimento chamado sumaríssimo, a citação por edital, quis o legislador demonstrar que, quando ela for realizada, o processo toma a via tradicional, ou ordinária. Assim, não vejo inconstitucionalidade no dispositivo, como, *data venia*, me parece ilegal o art. 5º do Provimento n. 4, de 10.3.2000, editado no âmbito da 8ª Região trabalhista, e subscrito pelos então Presidente e Corregedor Regional em exercício daquela Corte (o titular encontrava-se em gozo de férias), a prever a citação por edital. A ilega-

[53] V., *inter alia*, o meu "A lei das comissões de conciliação prévia", *in:* Revista LTr, São Paulo, 64 (2): 174-7, fev. 2000.

lidade, na hipótese, decorre justamente da efetiva vedação da citação por edital, o que, em ocorrendo, converte o procedimento ao rito comum.

Com efeito, ao julgar a ADInMC 2.160-5-DF, a 30.6.2000, tendo por relator o Min. Octavio Gallotti, decidiu o STF, *verbis*:

> *"Preliminarmente, o Tribunal, por maioria, vencido o Senhor Ministro Marco Aurélio, não conheceu da ação direta no que toca ao art. 1º da Lei n. 9.958, de 12 de janeiro de 2000, no ponto que introduziu na Consolidação das Leis do Trabalho (CLT) o parágrafo único do art. 625-E. Votou o Presidente. Prosseguindo no julgamento, o Tribunal, por unanimidade, indeferiu a medida liminar no que toca ao art. 1º da Lei n. 9.957, de 12 de janeiro de 2000, no ponto em que introduziu na Consolidação das Leis do Trabalho (CLT) o inciso II do art. 852-B. Votou o Presidente. E após o voto do Senhor Ministro Octavio Gallotti (Relator), indeferindo a cautelar, e do voto do Senhor Ministro Marco Aurélio, deferindo-a, em parte, referentemente ao art. 625-D, introduzido pelo art. 1º da Lei n. 9.958/2000, o julgamento foi adiado pelo pedido de vista do Senhor Ministro Sepúlveda Pertence. Ausentes, justificadamente, os Senhores Ministros Sydney Sanches e Celso de Mello. Plenário, 30.6.2000."*[54]

---

[54] ADInMC 2.160-5-DF, de 30.6.2000 (Confederação Nacional dos Trabalhadores no Comércio — CNTC *vs.* Presidente da República e Congresso Nacional) Rel.: Min. Octávio Gallotti (DJ n. 150-E, Seção 1, de 4.8.2000, pp. 1-2).

11. *PROCURAÇÃO* APUD ACTA

A procuração *apud acta* é prática pouco comum no Judiciário, mas, de quando em quando, ocorre, sobretudo na Justiça do Trabalho, onde ainda sobrevive o *jus postulandi* das partes, especialmente do trabalhador, quando sentem a urgente necessidade de constituir advogado.

Neste sentido, decidiu a 2ª Turma do Excelso Pretório, em julgado da lavra do Min. Marco Aurélio, no RE 215.624-8-MG, de 16.12.1999, publicado no DJ de 17.3.2000, com o seguinte teor:

> *"Mandato — Comparecimento à audiência — Processo do Trabalho. No âmbito do processo do trabalho, admite-se o credenciamento do profissional da advocacia mediante mandato* apud acta, *sendo suficiente que esta consigne o respectivo representante acompanhando a parte.*
>
> *Recurso extraordinário — Princípios da legalidade e do devido processo legal — Normas legais — Cabimento. A intangibilidade do preceito constitucional que assegura o devido processo legal direciona ao exame da legislação comum. Daí a insubsistência da tese no sentido de que a ofensa à Carta Política da República suficiente a ensejar o conhecimento de extraordinário há de ser direta e frontal. Caso a caso, compete ao Supremo Tribunal Federal exercer crivo sobre a matéria, distinguindo os recursos protelatórios daqueles em que versada, com procedência, a transgressão a texto constitucional, muito embora torne-se necessário, até mesmo, partir-se do que previsto na legislação comum. Entendimento diverso implica relegar à inocuidade dois princípios básicos em um Esta-*

do Democrático de Direito: o da legalidade e do devido processo legal, com a garantia da ampla defesa, sempre a pressuporem a consideração de normas estritamente legais. Precedentes: Recursos Extraordinários ns. 158.215-4/RS e 154.159-8/PR, por mim relatados, perante a Segunda Turma, com acórdãos veiculados nos Diários da Justiça de 7 de junho e 8 de novembro de 1996, respectivamente."[55]

[55] RE 215.624-8-MG, de 16.12.1999 (Móbil Oil do Brasil Indústria e Comércio Ltda. *vs.* Edison de Souza). Rel.: Min. Marco Aurélio (DJ n. 53-E, Seção 1, de 17.3.2000, p. 29).

12. RECURSO EXTRAORDINÁRIO

A. Cabimento

Decidiu o STF, por sua 1ª Turma, no AG (AgRg) 258.885-1-RJ, de 4.4.2000, da lavra do Min. Moreira Alves, que não cabe recurso extraordinário quando se quer discutir se uma decisão é ou não interlocutória, para fins de interposição de recurso de revista. A violação constitucional é reflexa, não ensejando a admissibilidade do apelo extremo.

É a seguinte a decisão:

"Agravo regimental.

— Saber se uma decisão é, ou não, interlocutória para efeito de oportunidade da interposição do recurso de revista é questão que se situa no terreno processual infraconstitucional, sendo as alegadas ofensas à Carta Magna indiretas ou reflexas, não dando margem, assim, ao cabimento do recurso extraordinário.

Agravo a que se nega provimento."[56]

O registro desse julgado tem o seguinte teor:

"A discussão sobre se uma decisão é, ou não, interlocutória para efeito de oportunidade da interposição de recurso de revista tem natureza infraconstitucional implicando, assim, a violação indireta ou reflexa à CF, que não dá margem a recurso extraordinário. Com esse entendimento, a Turma negou provimento a agravo regimental

[56] AG (AgRg) 258.885-1-RJ, de 4.4.2000 (Associação da União Este Brasileira dos Adventistas do Sétimo Dia — Hospital Silvestre *vs.* Sérgio Maria Maduro Paes Leme). Rel.: Min. Moreira Alves (DJ n. 91-E, Seção 1, de 12.5.2000, p. 24).

em agravo de instrumento interposto contra acórdão do TST — que negara o processamento de recurso de revista interposto contra decisão do TRT da 1ª Região que, declarando a existência de vínculo empregatício, determinara o retorno dos autos à Junta de Conciliação e Julgamento de origem para o julgamento do restante do mérito da reclamação —, com base na alegação de ofensa aos princípios constitucionais da legalidade, do livre acesso ao Judiciário, do devido processo legal e da ampla defesa (CF, art. 5º, II, XXXV, LIV, LV)."[57]

B. Descabimento

Reiterando entendimento de que não há falar em recurso extraordinário em caso de violação indireta ou reflexa à Constituição da República, decidiu a 2ª Turma do STF, a 22.2.2000, em julgado da lavra do Min. Maurício Correa, no AGRAG 248.880-1-PE, que, *verbis:*

"Agravo regimental em agravo de instrumento. trabalhista. Interpretação de normas infraconstitucionais. Ofensa à garantia da intangibilidade do direito adquirido e do ato jurídico perfeito. Inexistência.

1. A vulneração de preceito constitucional, capaz de viabilizar a instância extraordinária, deve ser direta, e não aquela que demandaria interpretação de normas ordinárias.

2. Penhora de bem dado em garantia real. Ofensa a direito adquirido. Não ocorrência. Precedentes do Tribunal Pleno.

Agravo regimental a que se nega provimento."[58]

C. Preqüestionamento

O prequestionamento para ensejar a interposição de recurso de revista e de recurso extraordinário é importantíssimo.

---

[57] Informativo STF n. 184, de 12.4.2000, p. 1.

[58] AGRAG 248.880-1-PE, de 22.2.2000 (Banco do Brasil S/A *vs.* Luiz Antônio Borges Teixeira e outros). Rel.: Min Maurício Corrêa (DJ n. 63-E, Seção 1, de 31.3.2000, p. 45).

Àquele, a matéria é infraconstitucional de direito processual ordinário; a este, exige-se vulneração da Carta Magna. O aresto do Min. Sepúlveda Pertence, no RE 126.237-1-DF, de 13.6.2000, é bastante elucidativo quanto ao tema e é transcrito a seguir:

> *"Recurso de revista e recurso extraordinário: prequestionamento.*
>
> *A exigência pelo TST, para conhecer da revista, do prequestionamento nas instâncias ordinárias trabalhistas do tema constitucional em que se funda o recurso, é questão infraconstitucional, que não ofende o art. 102, III, da Constituição.*
>
> *Quando a jurisprudência do STF tem por prequestionado o tema constitucional, desde que aventado na interposição da revista, cuida exclusivamente do prequestionamento como pressuposto do recurso extraordinário — que tem base constitucional — mas nada diz do prequestionamento, nas instâncias ordinárias da Justiça do Trabalho, dos fundamentos da revista: esta, é questão de direito processual ordinário, cuja solução não se abre à revisão do Supremo Tribunal na via extraordinária."*[59]

O tema é deveras relevante, daí por que transcrevemos, a seguir, o inteiro teor do v. acórdão da lavra do Min. Sepúlveda Pertence:

> *"Relatório: — Cuida-se na origem de reclamação trabalhista julgada procedente em parte pela decisão de primeiro grau (f. 87/88), para o fim de reconhecer à reclamante, professora do Estado de São Paulo, com fundamento no preceito da CLT que proíbe a alteração unilateral do contrato de trabalho (art. 468), o direito de continuar ministrando, a partir de 1980, o mesmo número de aulas semanais ministradas no ano de 1979, e, com fundamento na legislação estadual, o de perceber adicional por tempo de serviço.*

---

[59] RE 126.237-1-DF, de 13.6.2000 (Estado de São Paulo *vs.* Célia Esteves Bernardino). Rel.: Min. Sepúlveda Pertence (DJ n. 150-E, Seção 1, de 4.8.2000, p. 32).

A sentença, que é de 1983, foi parcialmente confirmada pela seguinte decisão do TRT:

> *'O número de aulas atribuído à recorrida era aquele apontado na peça exordial, e por isso deve ser mantido para que não ocorra redução salarial vedada em lei (art. 468 da CLT).*
>
> *Não há como argumentar, agora, com o disposto no art. 318 da CLT, pois não vinha sendo observado no caso, e aos sábados as escolas não mais funcionam.*
>
> *A recorrida, na condição de regida pela CLT, não faz jus ao adicional por tempo de serviço, previsto na Lei n. 180/78.*
>
> *Dou provimento parcial, para excluir da condenação os adicionais por tempo de serviço.'*

Interpôs, então, o Estado de São Paulo, recurso de revista, passando a sustentar, exclusivamente, a tese da sujeição da reclamante ao regime jurídico da L. est. 500/74, e a conseqüente incompetência da Justiça do Trabalho para o julgamento da ação.

O TST, depois de mandar processar a revista, dela não conheceu, por decisão cujo teor é o seguinte (f. 167/168):

> *'O v. acórdão regional proveu, parcialmente, o recurso ordinário da Reclamada, mantendo no mais, a r. sentença de primeiro grau.*
>
> *Valeu-se o v. acórdão, em parte, da existência de vínculo empregatício, sendo a relação entre as partes regida pelo regime celetista.*
>
> *Na revista, sustentando que o reconhecimento daquele vínculo, em ação anterior, faz coisa julgada apenas até o advento da Lei n. 500/74, do Estado de São Paulo. Após esta lei, incompetente é a Justiça do Trabalho para apreciar o feito.*
>
> *Acontece que a matéria pertinente à coisa julgada não foi discutida no v. aresto regional, não podendo servir, agora, de supedâneo à revista, face à*

falta de prequestionamento, posto que não manifestado embargos de declaração ao v. aresto regional.

Aplicável o Enunciado da Súmula 284 deste Colendo Tribunal.

Não conheço do recurso.'

Salientou, nesse julgamento, o il. Ministro José Ajuricaba:

'No entanto, a instância ordinária não emitiu juízo a respeito da incompetência desta Justiça especializada. Era necessário, pois, o pré-questionamento do tema pelo Eg. Tribunal a quo. *Somente assim poderia este C. TST verificar os pressupostos específicos do apelo previstos no Art. 896, Consolidado. Caberia à parte provocar o órgão julgador, através dos imprescindíveis embargos declaratórios, e não o fez. Ora, conforme jurisprudência, hoje já pacificada pelo C. STF e por esta Corte, a argüição de incompetência absoluta pode ser levantada a qualquer momento apenas nas instâncias* a quibus, *não dispensando o pré-questionamento quando se adentra nas instâncias extraordinárias.'*

Seguiram-se embargos de declaração —, rejeitados (f. 178/179) — embargos para o Tribunal Pleno — inadmitidos (f. 188) —, agravo regimental — improvido (f. 198/199) — e o presente recurso extraordinário, mandado processar pelo em. Min. Celso de Mello (f. 65 dos autos do agravo de instrumento).

Lê-se no voto condutor da decisão objeto do recurso extraordinário (f. 199):

'Verifica-se, entretanto, que a matéria ora discutida encontra-se obstaculizada pelo Enunciado n. 184, da Súmula deste Colendo TST, eis que não foi discutida pelo venerando acórdão regional, face à falta de prequestionamento em seu recurso ordinário.

Além disso, a controvérsia que gira em torno da citada Lei n. 500/74, do Estado de São Paulo, encontra óbice no enunciado n. 208, da Súmula desta Corte.

Não vislumbro, portanto, violados os arts. 106, 13, inciso V, 108, 110 e 119, III, da Constituição Federal.'

No RE, o Estado de São Paulo, depois de observar que o Enunciado 208 TST 'em nada diz respeito à espécie', e que a única razão de não se ter conhecido da revista foi a falta de prequestionamento, aponta contrariedade ao art. 119, III, da Carta de 1969, e 102, III, da atual, aduzindo, verbis:

> *'De fato. O único prequestionamento conhecido no direito brasileiro é aquele preconizado pelas Súmulas 282 e 356, do Supremo Tribunal Federal, e dirigido exclusivamente ao recurso extraordinário previsto no art. 119, III, da Carta Magna anterior (hoje 102, III), que é da competência do Excelso Pretório nas causas decididas em única ou última instância por outros Tribunais a ele inferiores.*
>
> *Destarte, descabe falar-se em prequestionamento quando se cogita do E. TST. Ao menos, quando se trabalha com temas constitucionais, cujo crivo último é privativo da Suprema Corte.*
>
> *A Súmula 184/TST é,* data venia, *inaplicável quando em pauta questão constitucional:*
>
> *a) porque o Colendo STF, em Plenário, já decidiu ser a interposição do recurso de revista o momento adequado para o prequestionamento da questão constitucional (RE 99.911-BA, RTJ 115/1282), sendo desnecessária sua veiculação em embargos declaratórios;*
>
> *b) porque a decisão neste sentido subtrairia inevitavelmente o acesso do contencioso de natureza constitucional ao exame do STF, (RE 112.244, 16.8.88, Sanches, DJ 27.10.88):*
>
> *'Recurso extraordinário trabalhista (art. 143 da CF).*
>
> *Acórdão do TST, que, em recurso de revista, se recusou a examinar alegação de ofensa ao art. 106 da CF, porque só então suscitada.*

RE conhecido e provido, por negativa de vigência ao art. 119, a, da CF, para que o TST, examinando, no recurso de revista, essa questão constitucional, eventualmente enseje o acesso da matéria ao STF.

Não pode ser obstado o acesso, ao STF, em RE, de matéria constitucional oportunamente suscitada na instância de origem.'

Alega ainda o recorrente, que a decisão impugnada ofendeu o art. 106 CF/69, ao desconsiderar a natureza administrativa do vínculo existente entre as partes e deixar de reconhecer a incompetência absoluta da Justiça do Trabalho para o julgamento da causa.

Em contra-razões, objeta a recorrida que a discussão a respeito da Súmula 184 do TST tem caráter eminentemente processual. Cita, nesse sentido, decisão de que foi relator o em. Min. Marco Aurélio, ao tempo em que integrava o Tribunal Superior do Trabalho, assim ementada:

'A razão de ser do prequestionamento e 'nada nasce sem causa mas tudo surge por alguma razão e em virtude de uma necessidade' (filosofia materialista grega que data de 2.500 anos), está na necessidade de proceder-se ao cotejo do decidido com o preceito legal apontado como malferido ou com o aresto paradigma que se tem como a revelar o dissenso jurisprudencial, isto para concluir-se pelo atendimento a um dos permissivos do art. 896, da Consolidação das Leis do Trabalho. Verificado que a Corte de origem não adotou entendimento sobre a matéria veiculada no Recurso, impossível, materialmente, é o cotejo. Diz-se prequestionada determinada matéria quando o órgão prolator da decisão impugnada haja adotado, explicitamente, tese a respeito e, portanto, emitido Juízo. Incumbe à parte interessada provocar o julgador sobre o tema que entende englobar o fato jurígeno suficiente a alterar o desfecho da controvérsia. Inadmissível é o prequestionamento implícito, conforme iterativa jurisprudência do Pleno do Tribunal Superior do Trabalho e do Supremo Tribunal

Federal — precedentes: Agravo Regimental n. 85.750-8-MG — Relator Ministro Néri da Silveira — e E-RR 5.518/80.'

Argumenta, por outro lado, que, mesmo que não o fosse à época, a Justiça do Trabalho tornou-se competente para o julgamento da causa com o advento do art. 114 da Constituição. Alega, por fim, que a natureza celetista do vínculo entre as partes foi definida em decisão transitada em julgado, proferida com exame expresso da L. est. 500/74.

A il. Subprocuradora-Geral Helenita Caiado de Acioli opina pelo conhecimento e provimento do RE, em parecer assim ementado (f. 250):

> *'O reconhecimento da existência de relação jurídica trabalhista entre as mesmas partes, anteriormente à Lei n. 500/74, do Estado de São Paulo, e, em conseqüência, a competência da Justiça do Trabalho, não opera coisa julgada diante da pretensão diversa, referente a período posterior à vigência da referida lei, quando a relação jurídica passou a ter índole estatutária.'*
>
> *Parecer pelo conhecimento e provimento do recurso.'*

É o relatório.

Voto: — No RE interposto contra acórdão que julga incabível o recurso de revista, sendo este restrito a matéria constitucional, o que se discute — quando não se trata de questão suscitada pelo próprio TST — é se existe, ou não, a ofensa à Constituição que viabilizaria o recurso de revista. O objeto do RE coincide, em princípio, com o da revista, daí advindo a orientação adotada no julgamento plenário do RE 99.911, 10.11.93, Moreira Alves, RTJ 115/1282:

> *'Recurso extraordinário contra decisão trabalhista. Momento de prequestionamento da questão constitucional quando a revista não foi admitida.*
>
> *— O prequestionamento da questão constitucional, em hipóteses como a da espécie, tem de ser*

feito na interposição da revista, pois só assim o STF poderá examiná-la para verificar se houve, ou não, a violação da norma constitucional em que se baseia o pedido de admissão da revista.

— Não supre a omissão do prequestionamento nessa oportunidade a declaração do TST, em embargos de declaração, de que não houve ofensa aos preceitos constitucionais que foram invocados neles.

Recurso extraordinário não conhecido.'

O caso deu margem a longa discussão no Plenário. Mas — não obstante em alguns votos, particularmente no do em. Ministro Moreira Alves, quando discute com o saudoso Ministro Soares Moñoz (sic) (RTJ 115/1.293), se possam encontrar argumentos favoráveis à tese do presente recurso — o certo é que então não se tratou do tema específico de que aqui se cuida — o da legitimidade da exigência do prequestionamento para o conhecimento do recurso de revista e do momento adequado para fazêlo — mas sim do prequestionamento como pressuposto do recurso extraordinário contra decisão do TST, já àquela época restrito, conforme o art. 143 da Carta de 69, à hipótese de contrariedade à Constituição.

Especificamente, o que no invocado RE 99.911 se cuidou é de saber se, para os fins da Súmula 356, era dado à parte, à undécima hora, valer-se dos embargos de declaração para obter pronunciamento do TST sobre matéria constitucional ausente da decisão embargada, porque não constituíra fundamento da revista.

Assentou, então, o Tribunal — com a única divergência total do em. Ministro Passarinho e ressalvas do em. Ministro Néri da Silveira — que, não aventada na interposição da revista, a questão constitucional — para o efeito de viabilizar o recurso extraordinário — já não poderia ser originariamente veiculada no TST, mediante embargos infringentes ou, pior ainda, por embargos de declaração.

Só se cuidou, assim, de requisito específico de admissibilidade do RE trabalhista. O precedente não afirma — pois o problema não estava em causa — que somente *posta na revista a matéria posteriormente agitada no RE, estivesse o TST obrigado a apreciá-la, em julgamento de revista.*

Afirma-o, porém, a decisão proferida pela Turma no RE 112.244, da lavra do em. Ministro Sydney Sanches, fielmente resumida na ementa:

'Recurso extraordinário trabalhista (art. 143 da CF).

Acórdão do TST, que, em recurso de revista, se recusou a examinar alegação de ofensa ao art. 106 da CF, porque só então suscitada.

RE conhecido e provido, por negativa de vigência ao art. 119, a, *da CF, para que o TST, examinando, no recurso de revista, essa questão constitucional, eventualmente enseje o acesso da matéria ao STF.*

Não pode ser obstado o acesso, ao STF, em RE, de matéria constitucional oportunamente suscitada na instância de origem.'

Para assim concluir o voto condutor do Ministro Sanches acolheu expressamente as bem elaboradas razões do Estado de São Paulo, das quais ponho em relevo:

'II — Pressupostos do Recurso de Revista na CLT.

O art. 896 da Consolidação das Leis do Trabalho prescreve:

'Cabe recurso de revista nas decisões de última instância quando:

a) derem ao mesmo dispositivo legal interpretação diversa da que lhe houver dado o mesmo ou outro Tribunal Regional, através do Pleno ou de Turmas, ou o Tribunal Superior do Trabalho, em sua composição plena, salvo se a decisão recorrida estiver em consonância com súmula de jurisprudência uniforme deste;

b) proferidas com violação de literal disposição de lei ou de sentença normativa.'

O Estado de São Paulo interpôs Recurso de Revista com fulcro nas alíneas a *e* b *do art. 896 da CLT, sendo conveniente esclarecer que se apoiou na divergência da decisão regional com a* Súmula *trabalhista n.* 123, *com julgados do TST e do STF, além de demonstrar a clara violação dos arts. 106 e 13, V, da Constituição Federal.*

Ora, parecem satisfeitos os pressupostos de admissibilidade do Recurso de Revista. A exigência de prequestionamento de matéria de ordem pública, como é a de incompetência absoluta, alegável em qualquer tempo e grau de jurisdição, à luz do art. 113 do Código de Processo Civil, constitui ilegalidade em face do art. 896 da CLT.

III — O Recurso de Revista não é recurso extraordinário.

A afirmação contida no acórdão recorrido de que o Recurso de Revista é recurso extraordinário é, data venia, *incorreta.*

Só há um recurso extraordinário dentro de nossa sistemática processual. É aquele previsto no art. 119, III, a, b, c, d, *da Carta Magna, cujo conhecimento e julgamento cabe ao Supremo Tribunal Federal.*

O instrumento do recurso extraordinário propicia ao Supremo Tribunal Federal exercer sua função natural que é a de resguardar e proteger a Constituição e velar pela federação brasileira, seja impedindo o desrespeito à lei federal, seja uniformizando a jurisprudência a nível nacional.

[...]'

Peço todas as vênias para divergir desse entendimento.

Não me parece, em primeiro lugar, que ao fundar-se no art. 896 CLT para erigir o prequestionamento à condição de pressuposto de admissibilidade do recurso de revista, o TST confira a esse dispositivo interpretação capaz de assimilá-lo, em seus efeitos, ao art. 896, § 4º CLT — que não admitia, na redação anterior à Lei n. 7.701/88, o recurso de revista contra decisões proferidas em execução de sentença —, e ao art. 4º da Lei n. 6.825/80 — que não admitia a apelação contra sentença proferida em causas de valor igual ou inferior a 50 ORTNs —, de que tratam os precedentes citados na conclusão do voto condutor do julgado: o requisito do prequestionamento, em relação ao recurso de revista, não impede, com efeito, que a questão constitucional seja trazida ao STF; basta que seja atendido, tal como sucede em todo e qualquer recurso extraordinário, provenha ou não da Justiça do Trabalho.

A situação é idêntica à de um sem número de pressupostos recursais cujo descumprimento, nas instâncias inferiores, inviabiliza a subida do recurso extraordinário e, portanto, no caso concreto, efetivamente intercepta o curso da questão constitucional para a decisão do Supremo Tribunal.

O chamado 'princípio da não-interceptação do contencioso constitucional' não impede, em suma, que a lei processual estabeleça, considerando a natureza e a finalidade de cada recurso, pressupostos específicos de admissibilidade. O art. 896 CLT, de que ora se trata, não me parece que ofenda o referido princípio ao condicionar a admissibilidade do recurso de revista ao prequestionamento, em atenção à circunstância de cuidar-se, como o RE e o REsp, de recurso de revisão in jure.

Esse, o sentido com o qual — a exemplo do que sucede com o recurso especial comum (CF, art. 105, III) ou eleitoral (CF, art. 121, § 4º) — sói afirmar-se que a revista é um dos recursos extraordinários lato sensu, *aos quais cabe aplicar,* mutatis mutandis, *os pressupostos específicos do RE* stricto sensu, *da competência do Supremo, entre os quais o do prequestionamento.*

É, data venia, *de nenhuma importância, para essa caracterização da revista como recurso de natureza extraordinária, que — diferentemente dos três outros — os seus pressupostos específicos não estejam demarcados na Constituição, mas na lei ordinária.*

A circunstância, ao contrário, pesa no caso contra o recorrente.

O Tribunal, é certo, se escusa de rever, em recurso extraordinário, a correção das premissas concretas da decisão do STJ para conhecer ou não do recurso especial (RE 140.752, Pl., Rezek, 10.2.94; AgRgAg 147.736, 2ª T., Velloso, 4.10.93, DJ 4.2.94, RTJ 152/264; AgRgAg 134.469, 2ª T., Brossard, 3.11.92, Lex 170/195; AgRgAg 150.019, 1ª T., Gallotti, 23.3.93; AgRgAg 152.835; 1ª T., Pertence, RTJ 155/609): o contrário, tenho acentuado, dinamitaria todo o sistema constitucional da repartição, entre o STF e o STJ, do antigo recurso extraordinário, na medida em que converteria o novo RE em recurso ordinário das decisões tomadas no especial (Ag 152.835, cit.).

Mas também é assente em nossa jurisprudência — como ressalvei desde o início — a admissibilidade do RE, por alegada ofensa ao art. 105, III, CF, quando, para decidir do cabimento do recurso especial, a decisão do STJ contiver proposição contrária, em tese, aos seus pressupostos típicos, que aquele preceito constitucional define explícita ou implicitamente: é entendimento já aplicado em alguns casos concretos (v.g. RE 178.209, 2ª T., M. Aurélio, 23.2.96, RTJ 162/1.100; RE 229.227, 1ª T., Gallotti, 9.2.99; RE 208.775, 1ª T., Moreira, 18.4.00, Informativo 185).

O mesmo não sucede, porém, com a revista trabalhista: contam-se às centenas as decisões do STF que declaram a natureza infraconstitucional das questões relativas ao cabimento da revista.

Entre elas, não vejo como não incluir as relativas ao prequestionamento — não para a admissibilidade do recurso extraordinário, que tem a ver com o art. 102, III, CF (e ao tempo do caso com o art. 119, III, da Carta de 69) — mas para o conhecimento da revista, que hão de ser decididas à base do art. 896, CLT, cuja inteligência, correta ou não, já há décadas não mais se submete à revisão extraordinária do Supremo Tribunal.

Relator, tenho frisado essa distinção na decisão de numerosos casos, sempre com o acolhimento unânime de meus eminentes pares na Primeira Turma (AgRgAg 187.086, 17.3.98, DJ 8.5.98, AgRgAg 222.645, 22.2.00, DJ 24.3.00).

A ementa do primeiro — Ag 187.086 — consigna:

'Recurso extraordinário e recurso de revista: prequestionamento: o STF, ao assentar que a matéria constitucional suscitada na interposição da revista se considera prequestionada, não afirma possa ela ser enfrentada pelo TST, se, a respeito, nada se discutiu nas instâncias ordinárias: é questão de direito processual ordinário, a propósito da qual nada tem a dizer o Supremo Tribunal.'

No que tange aos arts. 13, V; 106, 108 e 110, da Carta decaída, tenho que, apesar de referidos expressamente no aresto recorrido, não poderiam ter sido examinados, já que o TST não conheceu de revista por falta de prequestionamento desses mesmos dispositivos. Hipótese análoga foi examinada pela Turma no AGRAG 193.844, Sanches, DJ 25.6.99):

'1. O acórdão do Tribunal Superior do Trabalho, ao apreciar o Recurso de Revista, deixou de examinar a alegação de ofensa ao art. 5º, XXXVI, da Constituição Federal, por falta de prequestionamento.

2. O mesmo ocorreu nos julgamentos subseqüentes naquela Corte.

3. Ora, se o tema não foi oportunamente prequestionado, não podia mesmo ter sido examinado pelo Tribunal Superior do Trabalho.

4. Ademais, se este se equivocou no exame dos pressupostos do Recurso de Revista e dos Embargos, como alega a recorrente e ora se admite apenas para argumentação, nem por isso incidiu em violação direta à Constituição, mas antes em má interpretação ou aplicação e mesmo inobservância de normas infraconstitucionais, o que não viabiliza o Recurso Extraordinário.

5. Agravo improvido.'

Não conheço do recurso extraordinário: é o meu voto."[60]

---

[60] Informativo STF n. 194, de 28.6.2000, pp. 3-4.

D. Violação do Contraditório

Tendo sido violado, no entendimento do Tribunal Regional, o princípio constitucional do contraditório, foi julgada procedente ação rescisória. Todavia, o *decisum* foi reformado pela E. SDI-II do C. TST, que entendeu não ter havido cerceamento do direito de defesa.

Dada a possibilidade de ter sido vulnerado o art. 5º, LV, da Constituição da República, o Ministro Presidente do C. TST admitiu, por despacho de 30.5.2000, no Proc. TST-RE-ED-ROAR-396.114/97.7, oriundo da 4ª Região Trabalhista, o apelo extraordinário, através de despacho nos seguintes termos:

> *"A colenda Subseção II Especializada em Dissídios Individuais deu provimento ao Recurso Ordinário interposto por Odinei Leite Acosta, para julgar improcedente a Ação Rescisória por entender que não restou caracterizado o cerceamento de defesa na decisão rescindenda, em face da alteração da* causa petendi.
>
> *Com amparo no art. 102, inciso III, alínea* a, *da Constituição Federal, e sob o argumento de afronta ao seu art. 5º, incisos XXXV e LV, o Reclamado interpõe Recurso Extraordinário, alinhando suas razões a fls. 856-61.*
>
> *Contra-razões a fls. 867-73, apresentadas tempestivamente.*
>
> *É cabível o Recurso Extraordinário, tendo em vista o preenchimento dos pressupostos necessários à sua admissibilidade, uma vez que o tema constitucional foi objeto de enfrentamento direto na decisão recorrida. Com efeito, constando da fundamentação do* decisum *(CPC, art. 458, inciso II) a exposição das mais variadas operações lógicas desenvolvidas no exame do direito, ficou prequestionada a matéria trazida a juízo.*
>
> *Na decisão regional modificada pela Subseção II Especializada em Dissídios Individuais, restou consignado: 'II. Ação Rescisória. Princípios Gerais do Direito. Aplicação no Processo Civil e Trabalhista. Configurada a violação a um dos princípios constitucionais gerais do direito,*

máxime o princípio do contraditório, com ofensa literal aos disposto no art. 5º, inciso LV, da Constituição Federal, tem cabimento e procedência a ação rescisória' (fl. 825)

Ante a possível violação da regra constitucional em referência, admito o recurso e determino o envio ao Pretório Excelso, que, em nosso sistema jurídico, é o guardião da Lei Fundamental.

Publique-se."[61]

[61] Proc. TST-RE-ED-ROAR 396.114/97.7-TRT 24ª Região, de 30.5.2000 (Pedro Pedrossian *vs.* Odinei Leite Acosta). (DJ n. 106-E, Seção 1, de 2.6.2000, p. 347).

13. TESTEMUNHA LITIGANTE — INEXISTÊNCIA DE SUSPEIÇÃO

O caso a seguir transcrito reitera a posição dominante no Excelso Pretório acerca da testemunha que litiga com a empresa. É diverso do entendimento assente no C. TST, consagrado no Enunciado n. 357, existindo diversos precedentes da Colenda Corte a esse respeito.[62]

Trata-se de decisão do Min. Marco Aurélio, de 16.3.2000, proferida no AI 260-198-8-MG, *verbis*:

> *"Devido processo legal — Testemunha em litígio com a parte — Suspeição — Agravo provido.*
>
> *1. O Tribunal Superior do Trabalho negou acolhida a pedido formulado em agravo pelos fundamentos assim sintetizados:*
>
> > *'Agravo de Instrumento — Testemunha que move ação contra a mesma reclamada — Suspeição — Jurisprudência da Seção de Dissídios Individuais. Incensurável o despacho trancatório do Recurso de Revista, quando obsta o seguimento porque a decisão regional se conforma com a iterativa, notória e atual jurisprudência da Seção Especializada em Dissídios Individuais. Testemunha que move ação contra a mesma reclamada. Não há suspeição. Precedentes: 'E-RR 147209/94, AC. 0347/97, DJ 21.3.97, Ministro Vantuil Abdala; E-RR 120682/94, AC. 0169/96, DJ 23.8.96, Ministro Manoel Mendes; E-RR 05895/89, AC. 2846/92, DJ 19.2.93, Ministro Hylo Gurgel; E-RR 57216/92, AC. 1575/96, DJ 7.2.97, Mi-*

[62] V. vol. 2, pp. 132-133, e vol. 3, pp. 94-97, desta coletânea.

nistro José L. Vasconcellos'. Incidência do Enunciado n. 333 do TST. Agravo de Instrumento a que se nega provimento (folha 28).'

Exsurgiram embargos de declaração, rejeitados, a uma só voz, pelo Colegiado (folhas 38 e 39).

No extraordinário cujo trânsito busca alcançar, interposto com alegada base na alínea a *do permissivo constitucional, a Rede Ferroviária articulou com o malferimento dos arts. 5º, incisos II, XXXV, XXXVI, LIV e LV, e 93, inciso IX, da Carta Política da República. Argüiu, preliminarmente, a nulidade do acórdão recorrido por negativa de prestação jurisdicional, em face à rejeição dos declaratórios sem o exame do precedente desta Corte evocado e defendeu o descabimento da multa aplicada. Em passo seguinte, aludindo a julgado desta Corte, de minha lavra, sustentou a impossibilidade de fazer-se incidir à espécie o Verbete n. 333 da Súmula do Tribunal de origem, considerada controvérsia em torno da questão concernente à validade do depoimento de testemunha que litiga contra a mesma empresa. Discorre sobre a ausência de isenção de ânimo necessário a demonstrar a verdade (folha 40 à 48).*

O Juízo primeiro de admissibilidade disse da natureza processual da discussão, bem como da circunstância de não ser absoluto o direito da parte à prestação jurisdicional (folhas 53 e 54).

O Agravado não apresentou contraminuta (certidão de folha 57).

Recebi os autos em 28 de fevereiro de 2000.

2. Na interposição deste agravo foram observados os pressupostos de recorribilidade que lhe são inerentes. A Agravante providenciou o traslado das peças previstas no art. 544, § 1º, do Código de Processo Civil, e os documentos de folhas 10, 11 e 33 evidenciam a regularidade do preparo e da representação processual. Quanto à oportunidade, a decisão atacada restou veiculada no Diário de 8 de abril de 1999, quinta-feira (folha 54), ocorrendo a manifestação do inconformismo em 19 imediato, segunda-feira (folha 2), e, portanto, no prazo assinado em lei.

Entre as matérias versadas no extraordinário, uma se afigura como de real importância e diz respeito, em si, à admissibilidade de depoimento de testemunha que vem litigando com a parte. Conforme fiz ver ao prolatar decisão no Agravo de Instrumento n. 192.027-8, surge, no mínimo, antagonismo a contaminar o depoimento, isso sem cogitar-se no desejo de ter-se precedente que possa robustecer a pretensão já ajuizada.

3. Pelas razões supra, *conheço do pedido formulado neste agravo e assento o enquadramento do extraordinário no permissivo da alínea 'a' do inciso III do art. 102 da Carta da República. Estando nos autos as peças indispensáveis ao julgamento, neles próprios, do citado recurso, aciono o disposto nos §§ 3º e 4º do art. 544 do Código de Processo Civil. Autue-se e distribua-se na forma regimental, colhendo-se, após, o parecer da Procuradoria Geral da República.*

4. Publique-se."[63]

[63] AI 260.198-8-MG, de 16.3.2000 (Rede Ferroviária Federal S/A — REFFSA *vs.* Abel dos Santos Cassiano). Rel.: Min. Marco Aurélio (DJ n. 86-E, Seção 1, de 5.5.2000, p. 49).

PARTE IV

SERVIÇO PÚBLICO

1. CONCURSO PÚBLICO

Já tivemos oportunidade de ressaltar o caráter altamente moralizador do concurso público de provas e de provas e títulos, exigido pela Constituição da República para acesso ao serviço público[64]. Da mesma forma, em volumes anteriores, transcrevemos várias decisões superiores nesse sentido[65].

Adiante, estão demonstradas duas hipóteses envolvendo esse interessante tema.

A. Emprego Público

A situação abaixo segue a linha de entendimento do Excelso Pretório no que concerne à contratação de servidor público sem concurso.

Decidindo no AI 262.481-6-BA, o Min. Marco Aurélio, a 3.3.2000, negou acolhida ao agravo e manteve acórdão do C. TST, que entendeu pela nulidade do vínculo à falta de concurso público e inexistência de ofensa aos arts. 7º, XXXIV, e 37, II, da Lei Fundamental.

Tem o seguinte teor a decisão:

> *"Emprego público — Concurso — Inexistência — Nulidade do vínculo — Cessação da relação jurídica — Consectários — Agravo desprovido.*
>
> *1. O recurso extraordinário cujo trânsito busca-se alcançar foi interposto, com alegada base na alínea* a *do*

---

[64] V. nosso "O servidor público e a reforma administrativa", São Paulo, LTr, 1998, p. 36 *passim*.

[65] V. vol. 2, pp. 148-152, e vol.3, pp. 103-111, desta coletânea.

permissivo constitucional, contra acórdão proferido pelo Tribunal Superior do Trabalho que implicou o não-acolhimento de pedido formulado em agravo, mantendo-se o ato mediante o qual negara-se seguimento a embargos, pelos seguintes fundamentos:

'... a matéria objeto da controvérsia encontra-se pacificada no âmbito da SDI do TST, conforme tese adotada pela Turma e confirmada pelo despacho de admissibilidade dos Embargos, qual seja, a de que a contratação de servidor público, após a Constituição Federal de 1988, sem prévia aprovação em concurso público, encontra óbice no art. 37, II, da Constituição Federal de 1988, sendo nula de pleno direito, não gerando nenhum efeito trabalhista, salvo quanto ao pagamento do equivalente aos salários dos dias efetivamente trabalhados.

É correta, assim, a aplicação do referido precedente, o que descaracteriza a ofensa ao art. 37, II, da Constituição Federal, bem como a violação apontada do art. 896 da CLT.

Ademais, como explicitado no despacho agravado, a parte não se manifestou no momento oportuno quanto à almejada violação do art. 7º, inciso XXXIV, da Constituição Federal, não sendo possível, nesta fase processual, o exame de matéria preclusa (folhas 68 e 69).'

Insiste-se na vulneração dos arts. 7º, inciso XXXIV, e 37, inciso II, da Carta Política da República e reafirma-se o direito às verbas rescisórias, em face ao reconhecimento da prestação de serviços ao Município. Alude-se ao cabimento do recurso de revista (folha 72 à 83).

O Juízo primeiro de admissibilidade disse da natureza processual da discussão e da falta de prequestionamento (folhas 85 e 86).

Conforme certificado à folha 89-verso, o Município não apresentou contraminuta.

Recebi os autos em 14 de fevereiro de 2000.

2. Na interposição deste agravo foram observados os pressupostos de recorribilidade que lhe são inerentes. A Agravante providenciou o traslado das peças previstas no art. 544, § 1º, do Código de Processo Civil, e os documentos de folhas 19 e 87 evidenciam a regularidade da representação processual e do preparo. Quanto à oportunidade, a decisão atacada restou veiculada no Diário de 8 de abril de 1999, quinta-feira (folha 86), ocorrendo a manifestação do inconformismo em 19 imediato, segunda-feira (folha 2), e, portanto, no prazo assinado em lei.

Nota-se que a Corte de origem apreciou a controvérsia a partir da falta de adequação do recurso de embargos interposto, cuja regência não está na Carta da República, mas na Consolidação das Leis do Trabalho. Ao fazê-lo, disse do acerto da decisão do Regional no que apontou a nulidade da relação jurídica ante a falta de observação de formalidade essencial, ou seja, o concurso público. Descabe ter como infringidos os preceitos constitucionais evocados pela Agravante. Nada foi dirimido à luz do inciso XXXIV do art. 7º da Constituição de 1988. O Regional, última instância a atuar no campo ordinário, não emitiu entendimento sobre a matéria, deixando de ser protocolados embargos declaratórios. Confira-se com a peça de folhas 29 e 30. No tocante ao inciso II do art. 37, a Corte decidiu de forma consentânea com a norma inserta no preceito.

3. Por tais razões, conheço do pedido formulado neste agravo, mas a ele nego acolhida.

4. Publique-se."[66]

B. Investidura em Serviço Público

No despacho que está transcrito adiante, o Min. Néri da Silveira reformou acórdão do C. TST, a partir de parecer da Procuradoria-Geral da República, que entendeu que, primeiro, o ingresso no serviço público somente se dá mediante con-

[66] AI 262.481-6-BA, de 3.3.2000 (Maria do Perpétuo Socorro *vs.* Município de Juazeiro). Rel.: Min. Marco Aurélio (DJ n. 67-E, Seção 1, de 6.4.2000, p. 23).

curso público (art. 37, II, da Constituição) segundo, o enquadramento funcional é de competência privativa do Presidente da República (art. 84, XXV, da Constituição); e, terceiro, é vedada equiparação salarial (art. 37, XIII, da Carta de 1988). Determinou o Ministro Relator a exclusão da trabalhadora da Tabela Permanente do Ministério das Relações Exteriores.

O despacho, no RE 175.892-9-DF, de 29.6.2000, tem o seguinte teor:

> *"Vistos. Cuida-se de recurso extraordinário interposto com fundamento no art. 102, III,* a, *da Constituição Federal, contra acórdão proferido pela Terceira Turma do Tribunal Superior do Trabalho que negou provimento a agravo de instrumento.*
>
> *2. Sustenta a recorrente que o acórdão recorrido violou o disposto nos arts. 37, II e XIII e 84, XXV, da Carta Magna.*
>
> *3. A Procuradoria-Geral da República, em parecer de fls. 167/170, opinou pelo conhecimento do recurso nos seguintes termos:*
>
>> *'Recurso extraordinário pela alínea* a *do permissivo constitucional. Ofensa aos art. 37, II e XIII e 84, XXV, CF/88. Servidora celetista do MRE. Pedido de enquadramento e inclusão na tabela permanente do MRE. Equiparação salarial. Competência da Justiça laboral. Provimento.*
>>
>> *Cuida de recurso extraordinário interposto pela União Federal, nos autos em que contende com a Sra. Marilene Giassetti, aduzindo que o acórdão de fls. 125/127, prolatado no RROC n. TST — AI — 9479/90.5, ofendeu frontalmente a Carta Federal em seus arts. 37, II e XIII e 84, XXV, porque:*
>>
>> *'Ora, a todas as luzes, é rigorosamente certo que foi na espécie imposta à Recorrente condenação em triplo aspecto ofensiva ao texto constitucional: a) primeiro, determinou a inclusão da agravada na Tabela Permanente do Ministério das Relações Exteriores, na categoria funcional de Professora (Técnico em Assuntos Educacionais), em desprestígio do art. 37,*

II, da Constituição, que exige o concurso público como requisito prévio, indispensável ao ingresso no serviço público; b) segundo, porque o enquadramento determinado invadiu a competência privativa do Poder Executivo, com transgressão ao art. 84, XXV, da Carta política, por isso que ao Presidente da República compete, privativamente, e não ao Judiciário, prover cargo público federal, na forma da lei; c) terceiro, porque foi deferida Equiparação Salarial vedada pelo art. 37, XIII, da Lei Maior, impondo-se nesse particular ressaltar que o fundamento invocado para o acolhimento do pedido, ou seja, o art. 39, § 1º, da Constituição, a toda evidência não guarda qualquer aplicação ao caso dos autos, pela simples razão de que nele está determinado que a lei assegurará, aos servidores da Administração direta, isonomia de vencimentos para cargos de atribuições iguais ou assemelhados do mesmo Poder ou entre servidores dos Poderes Executivo, Legislativo e Judiciário, ressalvadas as vantagens de caráter individual e as relativas à natureza ou ao local de trabalho' *(destacamos). Ora, se é A LEI que assegurará tal isonomia, desenganadamente falece competência ao Judiciário para, em reclamação trabalhista, determiná-la como condenação à parte reclamada! A regência do caso está mesmo indiscutivelmente está,* data venia —, que veda 'a vinculação ou equiparação de vencimentos, para o efeito de remuneração de pessoal do serviço, ressalvado o disposto no inciso anterior e no art. 39, § 1º' *(destacamos) e, como demonstrado, este último dispositivo atribui* à Lei, *e não ao Judiciário, assegurar aos servidores públicos da administração direta isonomia de vencimentos!!!" (fls. 145/146).*

Entretanto, o eminente Min. Presidente do Tribunal Superior do Trabalho, Dr. Luiz José Guimarães Falcão, negou seguimento ao apelo derradeiro, aduzindo inexistirem as apontadas violações constitucionais, por ser de sua competência exclusiva solver 'todo e qualquer litígio que tenha por objeto a percepção de vantagens de natureza trabalhista'.

Irresignada a União Federal agravou de instrumento a decisão suso transcrita, com êxito, haja vista o provimento do agravo de instrumento.

Pedimos venia *aos preclaros magistrados para aderir ao inconformismo da entidade de Direito Público Interno, manifestado por intermédio do Parquet Federal.*

A questão posta em discussão está a merecer um melhor exame, já que, ao nosso ver, atinge a esfera constitucional, tal como posta nas peças constantes dos autos, havendo, s.m.j., a apontada ofensa aos arts. 37, II e XIII e 84, XXV, que preceituam:

'Art. 37. *(...)*

II — a investidura em cargo ou emprego público depende de aprovação prévia em concurso público ou de provas e títulos, ressalvadas as nomeações para cargo em comissão declarado em lei de livre nomeação e exoneração;

(...)

XIII — é vedada a vinculação ou equiparação de vencimentos, para o efeito de remuneração de pessoal do serviço público, ressalvado o disposto no inciso anterior e no art. 39, § 1º;

(...)

Art. 84. *Compete privativamente ao Presidente da República:*

(...)

XXV — prover e extinguir os cargos públicos federais, na forma da lei;'

Assim, como ressaltado, merece conhecimento o apelo máximo, dada a relevância da 'vexata quaestio.'

4. Com efeito, é da jurisprudência desta Corte que a investidura em cargo ou emprego público depende de aprovação prévia em concurso público de provas ou de provas e títulos, ressalvadas as nomeações para cargo em comissão declarado em lei de livre nomeação e exoneração, a teor do art. 37, II, da Constituição Federal de 1988 (RE 129.943-RJ, Rel. Min. Carlos Velloso, Segunda Turma, em 5.10.93 e RE 209.174-ES, Rel. Min. Sepúlveda Pertence, Plenário, em 5.2.98).

5. Do exposto, com base no § 1º-A, do art. 557, da Lei n. 5.869, na redação dada pela Lei n. 9.756, conheço do recurso e lhe dou provimento para reformar o acórdão recorrido, no ponto que determinou a inclusão da agravada na Tabela Permanente do Ministério das Relações Exteriores, invertendo-se o ônus da sucumbência.

Publique-se."[67]

[67] RE 175.892-9-DF, de 29.6.2000 (União Federal *vs.* Marilene Giassetti). Rel.: Min. Néri da Silveira (DJ n. 154-E, Seção 1, de 10.8.2000, p. 71).

2. *MUDANÇA DE REGIME*

Reconsiderando decisão anterior, o Min. Marco Aurélio mandou processar o recurso extraordinário, a fim de dirimir questão de alta relevância, qual a de ter ou não sido extinto o contrato de trabalho decorrente da mudança de regime jurídico, de CLT para estatutário, de servidor público, e a conseqüente prescrição para o trabalhador postular eventuais direitos.

O *decisum* foi proferido no AGRG-AI-267.115-7-DF, a 9.10.2000, como segue, *verbis*:

> *"Agravo — Juízo de retratação.*
>
> *Prescrição — Biênio — Passagem do Regime da Consolidação das Leis do Trabalho para o Regime Jurídico Único — Tema de índole constitucional.*
>
> *1. Mediante a decisão de folha 120 à 122, neguei acolhida a pedido formulado em agravo, pelos seguintes fundamentos:*
>
> > *'A abertura da via excepcional do extraordinário, uma vez em jogo o cabimento de recurso, depende da adoção de entendimento, no acórdão proferido, contrário a norma da Constituição Federal. Isso não ocorre na espécie dos autos, no que o Tribunal Superior do Trabalho, defrontando-se com controvérsia sobre prescrição, não teve como admissível os embargos previstos no art. 894 da Consolidação das Leis do Trabalho. Considerada a premissa do acórdão, ou seja, a cessação do vínculo empregatício há mais de dois anos antes do ajuizamento da reclamação, não há como concluir pela violência a qualquer dispositivo constitucional. Vale registrar que, muito embora o exame da matéria em comento não seja cabível nesta instância, a Corte de origem não analisou a prescrição sob o ângulo do Decreto n. 20.910/32 (folha 122).'*

A Agravante, no agravo inominado de folha 124 à 136, insiste na transgressão dos arts. 5º, inciso XXXVI, 7º, inciso XXIX, alínea a, *e 39, § 2º, da Constituição Federal, a autorizar o processamento do extraordinário. Reafirma estar em causa matéria constitucional cujo alcance cabe a esta Corte, a quem cumpriria 'definir porque a mudança de regime jurídico não pode ser considerada como cessação do vínculo' (folha 125). Ressalta que a simples leitura do acórdão recorrido já evidencia estar preenchido o requisito atinente ao prequestionamento e renova os argumentos veiculados no recurso extraordinário, consignando:*

> *'A mudança de regime jurídico, de CLT para estatutário, ocorrida compulsoriamente, em decorrência de Lei editada em cumprimento do disposto no art. 39,* caput, *da Lei Maior (na redação original), que determinava a instituição de regime jurídico único no serviço público, significa extinção do contrato de trabalho para efeito de atrair-se a regra prescricional prevista na parte final do inciso XXIX, letra* a, *da Constituição?*
>
> *Em outras palavras: o constituinte, ao prever, na parte final da alínea* a *do inciso XXIX do art. 7º, a expressão '...até o limite de dois anos após a extinção do contrato', quis que esta regra fosse aplicada aos servidores públicos que mudassem de regime jurídico?*
>
> *Esta é a questão constitucional que precisa ser dirimida pelo Supremo Tribunal Federal: qual o alcance da parte final da alínea* a *do inciso XXIX do art. 7º da Carta, em relação aos servidores públicos que tiveram o regime jurídico alterado em razão de disposição legal.*
>
> *Não se trata de violação indireta à Carta, porque foi decretada a prescrição com base na própria Constituição. Se o dispositivo constitucional em tela não tem o alcance de atingir servidores públicos que tiveram, por lei, o regime jurídico alterado, como se fugir à violação direta ao texto da Carta? (folhas 126 e 127)'.*

Aduz a Agravante que, se o pedido tivesse sido formulado por servidora estatutária ou regida pela Consolidação das Leis do Trabalho, o prazo prescricional seria de cinco anos, não havendo margem para que, na espécie, levando em conta a mudança de regime jurídico, aplique-se a prescrição bienal. Evoca o precedente desta Corte exsurgido com o julgamento da Ação Direta de Inconstitucionalidade n. 613-4-DF, relatada pelo Ministro Francisco Rezek, no qual se entendeu que a alteração do regime jurídico de servidor não importa em rescisão ou resolução contratual, e defende que, igualmente, não se modificou o prazo prescricional.

2. Na interposição deste agravo, foram observados os pressupostos de recorribilidade que lhe são inerentes. A peça, subscrita por profissional da advocacia credenciado por meio do documento de folha 26, restou protocolada no qüinqüídio. Dele conheço.

As razões expendidas pela Agravante mostram-se relevantes. Realmente, não se está diante de hipótese em que a Corte de origem haja ficado restrita ao exame do recurso de revista à luz do art. 896 da Consolidação das Leis do Trabalho. Ao reverso, interpretou o inciso XXIX do art. 7º da Constituição Federal, concluindo que, mesmo no caso de continuidade da prestação dos serviços, da subordinação do prestador ao tomador, o termo inicial do biênio é o previsto no dispositivo constitucional. Trata-se, assim, de tema a ser enfrentado pelo Supremo Tribunal Federal na atividade que lhe é pertinente, ou seja, a de revelar o real alcance da Carta da República, preservando-a como diploma maior.

3. Reconsidero a decisão proferida, para assentar o enquadramento do extraordinário na alínea 'a' do inciso III do art. 102 da Constituição Federal. Estando nos autos as peças indispensáveis ao julgamento, neles próprios, do citado recurso, autue-se, distribuindo-se na forma regimental, para colher-se, a seguir, o parecer da Procuradoria-Geral da República.

4. Publique-se."[68]

---

[68] AGRG-AI 267.115-7-DF, de 9.10.2000 (Maria Aparecida do Nascimento *vs.* Distrito Federal). Rel.: Min. Marco Aurélio (DJ n. 235-E, Seção 1, de 7.12.2000, p. 106).

3. PRESTAÇÃO DE SERVIÇO — ADMINISTRAÇÃO PÚBLICA — ART. 19 DO ADCT

No AI 279.422-1-DF, o Min Marco Aurélio negou processamento ao recurso extraordinário. O despacho, de 16.8.2000, acolheu o decidido pelo C. TST, no que respeita à inexistência de ofensa ao art. 19 do ADCT[69], eis que o trabalhador prestava serviços mediante convênio celebrado com a administração pública, com fulcro no art. 10, § 7º, do Decreto-lei n. 200, de 25.2.1967.

O despacho está assim redigido, *verbis*:

> *"Prestação de serviços — Administração Pública — Interposta pessoa — Estabilidade — Art. 19 do Ato das Disposições Constitucionais Transitórias — Prequestionamento — Agravo desprovido.*
>
> *1. O recurso extraordinário cujo trânsito busca-se alcançar foi interposto, com alegada base na alínea* a *do permissivo constitucional, contra acórdão proferido pela Subseção I Especializada em Dissídios Individuais do Tribunal Superior do Trabalho que implicou o não-acolhimento do pedido formulado em agravo regimental e a manutenção da decisão indeferitória dos embargos. O Colegiado registrou:*
>
> > *'A Turma entendeu que o recrutamento de pessoal mediante convênios, pela Administração Pública, não pode ser considerado fraudulento, tendo em vista o art. 10, § 7º, do Decreto-lei n. 200/67.*
> >
> > *Inicialmente, não foram violados os arts. 2º e 3º da CLT porque a formulação de convênio é permitida*

[69] V. vol. 2, pp. 163-164, desta coletânea.

pelo Decreto-lei n. 200/67. Além do mais, a Turma nada esclareceu acerca do preenchimento (sic) *dos pressupostos do art. 3º da CLT.*

Não houve vulneração do art. 9º da CLT, uma vez que o recrutamento de pessoal, mediante convênio é autorizado pelo art. 10, § 7º do Decreto-lei n. 200/67.

Também não foi aviltado o art. 443 da CLT, eis que não houve a formulação de contrato de trabalho com a Administração (sic) *Pública, mas apenas o recrutamento de pessoal mediante convênio.*

Por fim, não foi ofendido o art. 19 do ADCT, porquanto o reclamante não era ocupante de cargo ou emprego público, mas tão-somente prestava serviços mediante convênio. Ademais, nem mesmo ocorreu o reconhecimento de vínculo empregatício com a União para ensejar a estabilidade do ADCT (folha 113).

Articula-se com o malferimento dos arts. 2º, 3º, 9º e 443 da Consolidação das Leis do Trabalho e 19 das Disposições Transitórias da Carta, defendendo-se que o reconhecimento da intermediação 'terminou por consagrar uma distorção do que é a permissão constitucional e legal para a celebração de convênios' (folha 117). Discorre-se sobre a controvérsia, procurando-se demonstrar o vínculo com a União (folha 116 à 125).

O Juízo primeiro de admissibilidade disse da natureza processual da discussão (folhas 131 e 132).

A Agravada apresentou a contraminuta de folha 139 à 143, asseverando a ausência de demonstração de ofensa ao Diploma Maior e a impossibilidade de vir a reconhecer-se o vínculo pleiteado.

Recebi os autos em 5 de julho de 2000.

2. Na interposição deste agravo foram observados os pressupostos de recorribilidade que lhe são inerentes. A Agravante providenciou o traslado das peças previstas no art. 544, § 1º, do Código de Processo Civil e os docu-

mentos de folhas 29, 30 e 133 evidenciam a regularidade da representação processual e do preparo. Quanto à oportunidade, a decisão atacada restou veiculada no Diário de 2 de julho de 1999, sexta-feira (folha 132), ocorrendo a manifestação do inconformismo em 21 imediato, quarta-feira (folha 2), e, portanto, no prazo assinado em lei.

A leitura do acórdão impugnado revela que em momento algum a Corte de origem dirimiu a controvérsia tendo em vista a matéria constitucional veiculada no recurso extraordinário. Assim, deixou-se de atentar para o caráter indispensável do prequestionamento. Simplesmente não se tem o que cotejar com os dispositivos evocados pelo Agravante para dizer-se do enquadramento do extraordinário no permissivo da alínea 'a' do inciso III do art. 102 da Carta Política. Este é mais um agravo que somente serve ao acréscimo da sobrecarga que vem sendo suportada pelo Supremo Tribunal Federal.

3. Porque atendidos os pressupostos de recorribilidade inerentes a este agravo, conheço do pedido nele formulado, mantendo, no entanto, a decisão que resultou na negativa de processamento ao extraordinário.

4. Publique-se."[70]

[70] AI 279.422-1-DF, de 16.8.2000 (Maria Aparecida Pinto Araújo *vs.* União Federal (Ministério das Minas e Energia/CAEEB). Rel. Min. Marco Aurélio (DJ n. 175-E, Seção 1, de 11.9.2000, p. 119).

4. *SERVENTUÁRIO DE CARTÓRIO — GRATIFICAÇÃO DE ASSIDUIDADE*

O serventuário de cartório não oficializado, aposentado antes da Constituição de 1988, não goza do direito de receber gratificação de assiduidade, que é adicional previsto para servidores da administração pública, salvo se existir lei específica concedendo aludida vantagem. Assim decidiu, unanimemente, a 1ª Turma do STF, no RE 216.214-1-ES, a 17.11.1998, publicado no DJ de 25.2.2000, relatado pelo Min. Sydney Sanches.

A ementa deste aresto é a seguinte:

> *"Direito Constitucional e Administrativo. Serventuária da Justiça (de cartório não oficializado). Aposentadoria. Gratificação de assiduidade (Lei n. 3.200/78). Princípio da isonomia (Súmula 339). Recurso Extraordinário.*
>
> *1. A 1ª Turma do Supremo Tribunal Federal, no julgamento do RE n. 197.227, decidiu no sentido de que 'ao reconhecer a serventuário de cartório aposentado antes do advento da Constituição Federal e sob a égide de lei vigente, a percepção do adicional por assiduidade previsto em relação aos servidores da Administração, ante a alegação de que a Carta Magna os equiparou para todos os efeitos, o acórdão violou o que assentado pelo Supremo Tribunal Federal, no sentido de que não cabe ao Poder Judiciário, que não tem função legislativa, aumentar vencimentos de servidores públicos sob o fundamento de isonomia (Súmula 339). A aposentadoria é ato administrativo sujeito ao controle do Tribunal de Contas, que detém competência constitucional para examinar a legalidade do ato e recusar o registro quando lhe faltar base legal'.*

2. O mesmo entendimento foi firmado pela 2ª Turma, no julgamento do RE n. 223.544: 'I — Servidor de cartório não oficializado, aposentado anteriormente à CF/88: não faz jus à percepção de gratificação de assiduidade concedida aos servidores estrito, a menos que a lei concessiva da vantagem a tivesse estendido, expressamente, aos serventuários de cartórios não oficializados, aposentados, que eram remunerados mediante emolumentos pagos pelas partes; II — Competência do Tribunal de Contas para propor a exclusão da gratificação indevida (CF, art. 71, III, c/c art. 75).'

3. Adotados os fundamentos deduzidos nesses precedentes, o RE é conhecido e provido, para o indeferimento do Mandado de Segurança. Custas 'ex-lege'*.*" [71]

[71] RE 216.214-1-ES, de 17.11.1998 (Estado do Espírito Santo *vs.* Lourdes Piol Zamperlini). Rel.: Min. Sydney Sanches (DJ n. 40-E, Seção1, de 25.2.2000, p. 76).

5. SOCIEDADE DE ECONOMIA MISTA — ACUMULAÇÃO DE CARGO PÚBLICO

Entendeu o C. TST que é vedada a acumulação de cargos públicos, prevista no art. 37, XVI e XVII, da Carta Magna, regra que se estende igualmente a empregos e funções em sociedades de economia mista.

O r. despacho do Ministro Presidente daquela Alta Corte, verificando existir prequestionamento, proferido no Proc. TST-RE-ED-E-RR 258.758/96.8, oriundo do TRT da 12ª Região, de 23.3.2000, tem a seguinte redação:

"A colenda Subseção I Especializada em Dissídios Individuais deu provimento aos Embargos opostos pelo Banco do Estado de Santa Catarina S/A e julgou procedente o inquérito para apuração de falta grave, decretando a extinção do contrato de trabalho a partir da suspensão do empregado, sob o fundamento de que, por disposição do art. 37, incisos XVI e XVII, da Constituição Federal é vedada a acumulação remunerada de cargos públicos, proibição que se estende a empregos e funções exercidas em sociedades de economia mista.

Com amparo no art. 102, inciso III, alínea a, da Constituição Federal e sob argumento de afronta ao seu art. 37, incisos XVI e XVII, o Demandante manifesta Recurso Extraordinário contra a referida decisão, conforme razões acostadas a fls. 382-8.

Contra-razões apresentadas a fls. 391-4.

É cabível o Recurso Extraordinário, tendo em vista o preenchimento dos pressupostos necessários à sua admissibilidade, uma vez que o tema constitucional foi objeto de enfrentamento direto na decisão recorrida. Com efeito, constando da fundamentação do decisum *(CPC, art. 458, inciso II) a exposição das mais variadas operações lógicas desenvolvidas no exame do direito, ficou prequestionada a matéria trazida a juízo, não havendo dúvida quanto à sua discussão, restando evidenciada, assim, a sustentação da tese no sentido de que: 'É pacífico o entendimento, não só nesta Corte, como também no Pretório Excelso, no sentido da vedação de acumulação remunerada de cargos públicos (CF, art. 37, XVI), estendendo-se a empregos e funções, inclusive em sociedades de economia mista CF, art. 37, XVII)' (fls. 348-9).*

Assim, evidenciando-se os pressupostos de admissibilidade do Recurso Extraordinário, determino o seu encaminhamento ao egrégio Supremo Tribunal Federal.

Publique-se."[72]

[72] Proc. TST-RE-ED-E-RR 258.758/96.8-TRT 12ª Região, de 23.3.2000 (Osmar Schutz *vs.* Banco do Estado de Santa Catarina S/A — BESC). (DJ n. 69, Seção 1, de 10.4.2000, p. 128).

6. URV — DECISÃO ADMINISTRATIVA DE TRT

O tema objeto da ADIn 2.105-2-medida liminar-DF é de alta relevância. Trata-se de decisão que julgou procedente em parte ação visando a nulidade de decisão administrativa do TRT da 23ª Região que, a exemplo de vários outros Tribunais Regionais do Trabalho, concedeu diferença de 11,98%, decorrente de erro na conversão dos vencimentos de seus juízes e servidores em URV.

A matéria é profundamente polêmica, carecendo de exame sem posições extremas ou apaixonadas, mas rigorosamente dentro dos ditames das normas legais em vigor no Brasil.

A decisão da Suprema Corte, por unanimidade, de 23.3.2000, da lavra do Min. Celso de Mello, ausentes os Ministros Maurício Correa e Marco Aurélio, está assim ementada:

> *"Ação Direta de Inconstitucionalidade — Resolução Administrativa de Tribunal Regional do Trabalho —* Caráter normativo — *Incidência da verba de representação sobre a integralidade dos vencimentos (vencimento e parcela autônoma de equivalência) — Alegação de que esse ato importou em aumento de remuneração* sem *prévia autorização legislativa — Desrespeito aos princípios constitucionais da reserva de lei e da reserva de competência legislativa — Plausibilidade jurídica — Gravame ao erário público — Medida Cautelar deferida com eficácia* ex tunc.
>
> *Remuneração jurídica e princípio constitucional da reserva de lei.*
>
> *— Os Tribunais judiciários, em sede administrativa,* não podem *dispor sobre matéria que a Constituição da República* submeteu, *em caráter de exclusividade, ao domínio normativo* da lei em sentido formal.

Qualquer *resolução administrativa,* emanada de órgão judiciário, *que veicular,* sem *a prévia e necessária autorização legislativa,* aumento de remuneração *destinado a beneficiar a generalidade dos magistrados vinculados ao Tribunal que editou,* importará *em desrespeito frontal* ao princípio constitucional da reserva de lei.

— O princípio da reserva absoluta de lei *representa diretriz fundamental, que, consagrada no texto da Constituição da República, submete, ao domínio formal da lei* — e da lei, apenas —, *o tratamento jurídico de determinada matéria,* com exclusão *de* quaisquer *outras fontes normativas.*

A autoridade hierárquico-normativa da Constituição da República impõe-se *a* <u>*todos*</u> *os poderes do Estado.*

— Nenhuma *razão* — nem mesmo *a invocação do princípio do autogoverno da Magistratura — pode justificar o desrespeito à Constituição.* Ninguém *tem o direito de subordinar o texto constitucional* à conveniência *dos interesses de grupos, de corporações ou de classes, pois o* desprezo *pela Constituição faz instaurar um* perigoso *estado de insegurança jurídica,* além *de subverter,* de modo inaceitável, *os parâmetros que devem reger a atuação legítima das autoridade constituídas.*

A eficácia ex tunc *da Medida Cautelar* não *se presume, pois* depende, *de* expressa *determinação constante da decisão que a defere, em sede de Ação Direta de Inconstitucionalidade.*

— *A* medida cautelar, *em ação direta de inconstitucionalidade, reveste-se,* ordinariamente, *de eficácia* ex nunc *'operando, portanto, a partir do momento em que o Supremo Tribunal Federal a defere' (*<u>*RTJ*</u> *124/80).* Excepcionalmente, *no entanto, e para que* não *se frustrem os seus objetivos, a medida cautelar* poderá *projetar-se com eficácia* ex tunc, *em caráter retroativo,* com *repercussão sobre situações pretéritas (*RTJ *138/86). Para que se outorgue eficácia* ex tunc *ao provimento cautelar, em sede de ação direta de inconstitucionalidade,* impõe-se *que o Supremo Tribunal Federal assim o determine,* expressamente, *na decisão que conceder essa medida extraordinária (*RTJ *164/506-509, 508, Rel. Min. Celso de Mello).*"[73]

Após, novo julgamento do Excelso Pretório, majoritário, da lavra do Min. Ilmar Galvão, de 21.9.2000, apreciou a ADIn 1.797-0-PE, agora contra resolução similar do TRT da 6ª Região, e está assim ementada:

"Ação Direta de Inconstitucionalidade. Decisão Administrativa, do Tribunal Regional do Trabalho da 6ª Região (Recife/PE), proferida na Sessão de 15 de janeiro de 1998. Extensão aos vencimentos de magistrados e servidores da diferença de 11,98% decorrente de erro verificado na conversão de seus valores em URV. *Alegada ofensa aos arts. 62,96, II,* b, *e 169 da CF.*

A Medida Provisória n. 434/94 não determinou que a conversão, no caso sob enfoque, se fizesse na forma prevista em seu art. 21, ou seja, com base na média dos resultados da divisão dos vencimentos de novembro e dezembro de 1993 e janeiro e fevereiro de 1994, pela URV alusiva ao último dia do respectivo mês de competência, mas, sim, pela regra geral do art. 18, que indicava para divisor a URV correspondente à data do efetivo pagamento. Interpretação autorizada não apenas pela circunstância de não poderem os magistrados ser considerados simples servidores mas, também, tendo em vista que as folhas de pagamento, nos órgãos do Poder Judiciário Federal, sempre foram pagas no dia 20 do mês, em razão da norma do art. 168 da Constituição Federal, como entendido pelo STF, ao editar as novas tabelas de vencimentos do Poder Judiciário, em face da referida Medida Provisória n. 434/94.

Não obstante o Chefe do Poder Executivo, ao reeditar a referida medida provisória, por meio da de n. 457/94,

---

[73] ADIn n. 2.105-2-DF, medida liminar, de 23.3.2000 (Procurador-Geral da República *vs.* Tribunal Regional do Trabalho da 23ª Região).. Rel.: Min. Celso de Mello (DJ n. 82-E, Seção 1, de 28.4.2000, p. 71). No mesmo sentido: ADIn n. 2.093-5-SC, medida liminar, de 23.2.2000 (Procurador-Geral da República *vs.* Tribunal Regional do Trabalho da 12ª Região) Relator: Min. Marco Aurélio (DJ n. 82-E, Seção 1, de 28.4.2000, p. 71).

houvesse dado nova redação ao art. 21 acima mencionado, para nele abranger os membros dos Poderes Legislativo e Judiciário e do Ministério Público da União, a lei de conversão (Lei n. 8.880/94) não reproduziu o novo texto do referido dispositivo, mas o primitivo, da Medida Provisória n. 434, autorizando, portanto, o entendimento de que, no cálculo de conversão dos vencimentos em referência, haveria de ser tomada por divisor a URV do dia do efetivo pagamento.

Considerando, entretanto, que a decisão impugnada não esclareceu os limites temporais de aplicação da diferença sob enfoque, impõe-se dar-lhe interpretação conforme à Carta, para o fim de deixar explicitado ser ela devida, aos servidores, de abril de 1994 a dezembro de 1996; e, aos magistrados, de abril de 1994 a janeiro de 1995; posto que, em janeiro de 1997, entrou em vigor a Lei n. 9.421/96, que, ao instituir as carreiras dos servidores do Poder Judiciário, fixou novos padrões de vencimentos em real; e, em fevereiro de 1995, os Decretos Legislativos ns. 6 e 7 (DOU de 23.1.95), que estipularam novas cifras para a remuneração dos Ministros de Estado e membros do Congresso Nacional, aplicáveis aos Ministros do STF por força da Lei n. 8.448, de 21.7.92, com reflexos sobre toda a magistratura federal.

Ação julgada procedente, em parte, na forma explicitada."[74]

Por seu caráter altamente polêmico, é adequado transcrever a íntegra do acórdão dessa ADIn, sendo de assinalar que a magistratura trabalhista brasileira continua, debalde todas as dificuldades que vêm atravessando ao longo dos anos, prestando os mais assinalados serviços ao Brasil e a seu povo. O teor do julgado é o seguinte:

"Relatório: O Procurador-Geral da República ajuizou a presente ação direta, argüindo a inconstitucionalidade

---

[74] ADIn n. 1.797-0-PE, de 21.9.2000 (Procurador-Geral da República *vs.* Tribunal Regional do Trabalho da 6ª Região). Rel.: Min. Ilmar Galvão (DJ n. 198-E, Seção 1, de 13.10.2000, p. 9).

da Decisão Administrativa do Tribunal Regional do Trabalho da 6ª Região (Recife — PE), proferida em Sessão de 15 de janeiro de 1998, que reconheceu a existência do direito à diferença de 11,98%, a partir de abril de 1994, sobre os vencimentos dos Juízes Togados, Classistas e servidores da Justiça do Trabalho da Região, ativos e inativos, que não foram beneficiados com decisões judiciais em sede de tutela antecipada, com os valores corrigidos monetariamente, resultado da conversão em URV — Unidade Real de Valor — dos pagamentos dos vencimentos dos meses de novembro e dezembro de 1993 e janeiro e fevereiro de 1994.

Salientou o requerente (fls. 2/4):

'O vício de validade a acoimar de inconstitucional o ato normativo impugnado reside na antinomia com o estatuído nos arts. 96, inciso II, letra b *e 169 da Constituição Federal, dispositivos esses que exigem lei para a concessão de aumento de vencimentos aos magistrados e órgãos auxiliares dos serviços administrativos dos Tribunais. A Resolução do Tribunal Regional do Trabalho afronta ainda o preceito estatuído no parágrafo único do art. 62 da Carta da República, que prevê a competência exclusiva do Congresso Nacional para a disciplina das relações jurídicas decorrentes de medidas provisórias não convertidas em lei.*

Com efeito, a edição da Medida Provisória n. 434, de 27 de fevereiro de 1994, estabeleceu que a conversão dos vencimentos dos membros do Poder Judiciário relativos aos meses de novembro e dezembro de 1993 e janeiro e fevereiro de 1994 em URV seria realizada no dia do efetivo pagamento. Tal Medida Provisória não foi convertida em lei no prazo de trinta dias, a partir de sua publicação, sobrevindo, então a Medida Provisória n. 457, de 29 de março de 1994, a qual restou convertida na Lei n. 8.880, de 27 de maio de 1994, que determinou nova regra de conversão com base na URV dos vencimentos em geral, inclusive dos membros do Poder Judiciário e do Ministério Público da União, qual seja a de que seria o dia 1º de março de 1994 a data da conversão.

Para disciplinar as relações jurídicas decorrentes da Medida Provisória n. 434, e no uso de sua competência exclusiva, o Congresso Nacional editou o Decreto Legislativo n. 17/94, por força do qual foi convertido em 'abono', restritivo ao mês de março de 1994, sem repercussão nos vencimentos nos meses subseqüentes, o resultado da diferença observada nos vencimentos dos membros do Poder Judiciário no referido mês de competência.

Vê-se que ao reconhecer a existência do direito ao reajuste de 11,98% a partir de abril de 1994, com os valores corrigidos monetariamente, a incidir sobre os vencimentos dos magistrados e servidores, o Tribunal Regional do Trabalho atribuiu ao abono verdadeiro caráter de aumento de vencimentos, a partir do mês de abril, sem a respectiva previsão em lei, conferindo eficácia permanente à Medida Provisória n. 434, usurpando ainda a competência exclusiva do Congresso Nacional, prevista no parágrafo único do art. 62 da Constituição.'

A medida cautelar foi deferida em Sessão do dia 16.4.98, ficando a ementa assim redigida (fl. 20):

'Ação Direta de Inconstitucionalidade. Impugnação à Decisão Administrativa do Tribunal Regional do Trabalho da 6ª Região, que reconhecera a existência de direito ao reajuste de 11,98%, a partir de abril de 1994, aos juízes togados e classistas e aos servidores da Justiça do Trabalho da 6ª Região. Conversão da URP na data do efetivo pagamento.

Decisão que se caracteriza como ato normativo passível de controle por meio de ação direta de inconstitucionalidade.

O Supremo Tribunal Federal, no julgamento das ADIMCs 1.652, 1.661, 1.781 e 1.787, suspendeu, ex tunc, *a eficácia de resoluções administrativas de Tribunais que reconheceram o direito a idêntico reajuste.*

Ocorrentes, no caso, o fumus boni iuris *e o* periculum in mora, *defere-se a cautelar para suspender,* ex tunc, *até o julgamento final da ação, a eficácia da decisão administrativa em causa.'*

As informações da autoridade requerida esclarecem (fls. 28/29):

'1. O Tribunal Regional do Trabalho da 6ª Região, em Sessão proferida no dia 23.10.97, decidiu, por unanimidade, estender a todos os servidores deste Regional o direito à incorporação do percentual de 11,98%, resultante da conversão da URV nos proventos/vencimentos, na data constitucionalmente prevista e na forma da Lei n. 8.880/94 (conforme certidão em anexo — doc. 01);

2. Em agosto e setembro de 1997, este Egrégio Tribunal procedeu ao pagamento dos valores correspondentes ao reajuste de 11,98%, retroativo ao período de abril/94 a dezembro/96, nos termos da tutela antecipada concedida aos magistrados deste TRT (Ações Ordinárias ns. 97.9776-5/3ª Vara Federal e 97.11201-2/5ª Vara Federal);

3. Em dezembro/97, este Tribunal deu início ao pagamento aos servidores deste TRT dos valores correspondentes ao reajuste de 11,98%, retroativo ao período de abril/94 a dezembro/96, nos termos da tutela antecipada concedida aos servidores, conforme sentença do Juiz Federal da 15ª Vara, do Tribunal Regional Federal da 1ª Região — Brasília (Ação Ordinária 97.29968-2);

4. Em sessão proferida no dia 15.1.98, o TRT 6ª Região decidiu, por maioria, aprovar o pagamento do reajuste de 11,98% aos servidores ainda não tutelados, no limite da tutela antecipada já concedida aos servidores, nos termos da sentença do Juiz Federal da 15ª Vara, do TRF da 1ª Região — Brasília, e aos Juizes Classistas do TRT — 6ª Região, nos limites da tutela antecipada já concedida aos magistrados deste Regional, respeitada a disponibilidade orçamentária do Tribunal (conforme certidão em anexo — doc. 02);

5. Em data de 19.2.98, este Egrégio Tribunal deferiu, por maioria, requerimento da AMATRA VI, assegurando o pagamento dos juros moratórios sobre aqueles valores devidos a partir de março de 1994, sem incidência de imposto de renda, para que seja procedido o respectivo pagamento quando houver disponibilidade orçamentária (conforme certidão em anexo — doc. 03);

6. Ressalto que este Tribunal, atendendo determinação desse Egrégio Supremo Tribunal Federal, suspendeu o pagamento da incorporação do percentual de 11,98% nos vencimentos dos Juízes Togados e Classistas, e demais servidores deste TRT, a partir de março/98, conforme determinação do Diretor do SRAF/TST, por ordem do Exmo. Sr. Ministro-Presidente do TST (conforme cópia em anexo — doc. 04).'

A Advocacia-Geral da União, em sua manifestação de fls. 117/129, sustentou, em preliminar, a prejudicialidade da ação, por ausência de pressuposto de constituição e de desenvolvimento válido e regular do processo, sob alegação de que o ato impugnado não é passível de apreciação em juízo abstrato de constitucionalidade, porquanto se 'reveste de efeitos nitidamente concretos, peculiares aos atos de caráter material, não podendo, em conseqüência, ser juridicamente tipificada como norma de caráter abstrato'; e, quanto ao mérito, defendeu a sua constitucionalidade.

A Procuradoria-Geral da República, em parecer do eminente Procurador-Geral da República, Prof. Geraldo Brindeiro, opinou pela procedência da ação, destacando-se de sua manifestação, verbis (fls. 133/135):

> *'A alegada afronta a dispositivos inscritos na Constituição Federal por parte do ato normativo em causa efetivamente ocorreu.*
>
> *Como antes dito, a Medida Provisória n. 434 não dispunha, em seu art. 21, sobre a conversão dos vencimentos em URV dos servidores públicos do Poder Judiciário. Tal regulamentação somente veio a ocorrer com o art. 21 da Medida Provisória n. 457, esta transformada pelo Congresso Nacional na Lei n. 8.880/94, que estabeleceu expressamente, em seu art. 22, que a conversão em URV, inclusive dos vencimentos dos membros e servidores do Poder Judiciário, se daria com base no dia 1º de março de 1994.*
>
> *Diante da situação jurídica anômala decorrente da edição daquela primeira medida provisória, não convertida em*

lei no prazo constitucional, quanto ao problema do dia do pagamento dos vencimentos dos servidores públicos do Poder Judiciário, o Congresso Nacional, no exercício da competência prevista no art. 62, parágrafo único, da Carta Política, baixou o Decreto Legislativo n. 17/94, no qual fixou o abono a que fariam jus os mencionados servidores públicos apenas no mês de março, sem repercussão nos vencimentos devidos nos meses subseqüentes.

Diante desse quadro fático, o Tribunal Regional do Trabalho, sob o fundamento de observar os princípios da isonomia e da irredutibilidade, decidiu administrativamente, sem que lei o autorizasse, conceder aos seus membros, magistrados e servidores verdadeiro aumento de vencimentos, no montante correspondente a 11,98% relativo ao mês de março de 1994.

Já se tornou sumulado no seio do colendo Supremo Tribunal Federal o entendimento de que 'não cabe ao Poder Judiciário, que não tem função legislativa, aumentar vencimentos de servidores públicos sob fundamento de isonomia' (Súmula n. 339).

De outra parte, quanto à suposta irredutibilidade, que, em realidade, consiste em situação jurídica de diferença de vencimentos decorrente da modificação dos critérios adotados pela Medida Provisória n. 434, não convertida em lei, e pela Medida Provisória n. 457, transformada na Lei n. 8.880/94, parece claro, a teor do art. 62, parágrafo único, da Constituição da República, que não competia ao Tribunal Regional do Trabalho disciplinar a matéria, mas sim ao Congresso Nacional, que o fez através do Decreto Legislativo n. 17/94.

Afastada a fundamentação concernente ao princípio da isonomia e ausente ofensa ao princípio constitucional da irredutibilidade de vencimentos, chega-se à conclusão de que a decisão administrativa ora questionada terminou por conceder aumento de vencimentos sem lei que o autorizasse.

De fato, o legislador constituinte originário outorgou ao Supremo Tribunal Federal, aos Tribunais Superiores e aos Tribunais de Justiça dos Estados-membros da Federação a competência privativa para propor ao Poder Legislativo respectivo, com observância do disposto no art. 169 da Constituição, projeto de lei dispondo sobre a fixação dos vencimentos de seus membros, dos juízes, inclusive dos tribunais inferiores, onde houver, dos serviços auxiliares e os dos juízes que lhes forem vinculados.

Ora, a interpretação das normas constitucionais em enfoque conduz à conclusão que somente por lei cuja iniciativa é reservada aos Tribunais, condicionada à existência de prévia dotação orçamentária e autorização específica na lei de diretrizes orçamentárias, é que se poderia fazer repercutir nos vencimentos dos magistrados, juízes classistas e servidores ativos e inativos subseqüentes ao mês de março de 1994 o abono estabelecido pelo Decreto Legislativo n. 17/94.

Considere-se, ainda, que por força da combinação dos arts. 96, inciso II, alínea b, *e 169 com o art. 61,* caput, *da Carta Magna, somente o Tribunal Superior do Trabalho é que detém competência privativa para dar início ao processo legislativo versando fixação de vencimentos de juízes e servidores de tribunal inferior a ele vinculado, inclusive do Tribunal Regional do Trabalho da 6ª Região.*

Ao deliberar administrativamente de modo a proceder ao pagamento e incorporação definitiva aos vencimentos de seus magistrados e servidores do percentual de 11,98%, correspondente à diferença entre o quociente da conversão da URV em reais, que decorreu da não-transformação da Medida Provisória n. 434 em lei, o Tribunal Regional do Trabalho da 6ª Região violou os arts. 61, caput, *96, inciso II, alínea* b, *e 169 da Constituição Federal, que conferem competência privativa ao Tribunal Superior do Trabalho para a iniciativa de lei dispondo sobre fixação de vencimentos dos membros e servidores da Justiça Trabalhista.*

Ante o exposto, opino pela procedência da presente ação direta para que seja declarada a inconstitucionalidade da Decisão Administrativa do Tribunal Regional do Trabalho da 6ª Região (Recife-PE), proferida na sessão do dia 15 de janeiro de 1998, que reconheceu a existência do direito ao reajuste de 11,98% a partir de abril de 1994, com os valores corrigidos monetariamente, resultado da conversão em URV dos vencimentos dos Juízes Togados, Classistas e servidores da Região, ativos e inativos, que não foram beneficiados com decisões judiciais prolatadas em sede de tutela antecipada.'

É o relatório.

******

Voto: Por meio de Resolução Administrativa, o Tribunal Regional do Trabalho da 6ª Região estendeu aos seus membros e aos Juízes e servidores da Justiça do Trabalho, de sua Região, que não haviam sido contemplados com antecipação de tutela deferida pelos Juízes Federais da 5ª Vara de Pernambuco e da 16ª Vara do Distrito Federal, a diferença remuneratória de 11,98%, resultante de erro verificado na conversão, em cruzeiros reais, dos respectivos vencimentos, determinada pela Medida Provisória n. 434, de 27.2.94, reeditada pela Medida Provisória n. 457, de 29.3.94 e pela Medida Provisória n. 482, de 28.4.94, finalmente convertidas na Lei n. 8.880, de 27.5.94.

Ao que consta dos autos, entenderam os Magistrados que a Medida Provisória n. 434/94 não determinou que a conversão, em cruzeiros reais, dos vencimentos dos membros e servidores do Poder Judiciário se fizesse na forma prevista no seu art. 21, ou seja, com base na média dos resultados da divisão dos vencimentos dos meses de novembro e dezembro de 1993 e janeiro e fevereiro de 1994 pela URV alusiva ao último dia do respectivo mês de competência, mas, sim, pela regra geral do art. 18, que mandou fazê-lo pela média dos quocientes relativos aos quatro referidos meses, tomada para divisor a URV correspondente à data do efetivo pagamento.

E assim procederam, primeiramente, por não haver o art. 21 falado em membros do Poder Judiciário, como seria de mister, posto não poderem os magistrados ser considerados simples servidores; e, em segundo lugar, tendo em vista que as folhas de pagamento, nos órgãos do Poder Judiciário Federal, sempre foram antecipadas para o dia 20, em razão da norma do art. 168 da Constituição.

Assim, para os servidores civis e militares do Poder Executivo, que sempre receberam seus vencimentos nos últimos dias do mês de referência ou nos primeiros dias do mês seguinte, restou fixado como data base da conversão o último dia do mês; enquanto que, para os membros e servidores do Poder Judiciário, como de resto, para os membros e servidores do Poder Legislativo, do Tribunal de Contas e do Ministério Público, do mesmo modo que ocorreu com os salários em geral, pagos, de ordinário, no correr de cada mês, a data do efetivo pagamento.

Do contrário, estar-se-ia diante de flagrante ofensa ao princípio da irredutibilidade de vencimentos.

Daí, a antecipação da tutela que beneficiou parte dos membros e servidores da Justiça do Trabalho da 6ª Região e que acabou sendo estendida aos demais pela resolução ora impugnada.

Registre-se que essa foi, por igual, a interpretação dada à Medida Provisória n. 434/94 pelo STF, no momento em que, em face da obrigação prevista no § 8º do referido art. 21, editou as tabelas de vencimentos do Poder Judiciário em cruzeiros reais.

O Chefe do Poder Executivo, todavia, ao reeditar a Medida Provisória n. 434/94, por meio da Medida Provisória n. 457, deu nova redação ao referido art. 21, para o fim de nele abranger os membros dos Poderes Legislativo, Judiciário e do Ministério Público da União.

Assim, o art. 21, originariamente redigido nestes termos:

> *'Art. 21. Os valores das tabelas de vencimentos, soldos e salários e das tabelas de funções de confiança e gratificadas dos servidores civis e militares serão convertidos em URV em 1º de março de 1994:*
>
> *I — dividindo-se o valor nominal, vigente em cada um dos quatro meses imediatamente anteriores à conversão, pelo valor em cruzeiros reais do equivalente em URV* do último dia do mês de competência, *de acordo com o Anexo I desta Medida Provisória; e*

II — extraindo-se a média aritmética dos valores resultantes do inciso anterior', passou à seguinte redação:

'Art. 21. Os valores das tabelas de vencimentos, soldos e salários e das tabelas de funções de confiança e gratificadas dos servidores civis e militares e membros dos Poderes Executivo, Legislativo, Judiciário e do Ministério Público da União são convertidos em URV em 1º de março de 1994:

I — dividindo-se o valor nominal, vigente nos meses de novembro e dezembro de 1993 e janeiro e fevereiro de 1994, pelo valor em cruzeiros reais do equivalente em URV do último dia desses meses *respectivamente,* independentemente da data do pagamento, *de acordo com o Anexo I desta Medida Provisória; e*

II — extraindo-se a média aritmética dos valores resultantes do inciso anterior.'

A diferença que resultou paga a maior, no mês de março, ante a interpretação do STF, como se sabe, foi convertida em abono pelo Congresso Nacional, por meio do Decreto Legislativo n. 17, de 20.4.94.

Após mais uma reedição, por meio da Medida Provisória n. 482, de abril de 1994, sobreveio a lei de conversão (Lei n. 8.880/94) que, todavia, não reproduziu (no art. 22) o texto do art. 21 com a redação que lhe havia dado a Medida Provisória n. 457, posto que dele extraiu a referência aos membros dos Poderes.

Confira-se:

'Art. 22. Os valores das tabelas de vencimentos, soldos e salários e das tabelas de funções de confiança e gratificadas dos servidores públicos civis e militares, *são convertidos em URV em 1º de março de 1994, considerando o que determinam os arts. 37, XII, e 39, § 1º, da Constituição, observado o seguinte:*

I — dividindo-se o valor nominal, vigente nos meses de novembro e dezembro de 1993 e janeiro e fevereiro de

1994, pelo valor em cruzeiros reais do equivalente em URV do último dia desses meses, *respectivamente, de acordo com o Anexo I desta Lei,* independentemente da data do pagamento*;*

II — extraindo-se a média aritmética dos valores resultantes do inciso anterior.'

Do texto posto em definitivo pela lei, afora outras alterações de menor monta, resultou excluída a referência aos membros dos Poderes Legislativo, Judiciário e do Ministério Público, sendo fora de dúvida que a modificação ensejou a mesma interpretação que fora dada ao art. 21 da Medida Provisória n. 434: aos membros e servidores do Poder Judiciário, por virem recebendo seus vencimentos, de forma ininterrupta, no dia 20 de cada mês, revela-se aplicável não o critério de conversão que toma por base o último dia do mês, válido para os membros e servidores do Poder Executivo, mas a regra geral da data do efetivo pagamento, prevista no art. 19 do mencionado diploma legal.

Assim sendo, não há falar em ofensa, pela resolução do TRT, às normas dos arts. 62, 96, II, letra b, *e 169, da Constituição Federal, invocados na inicial, se a diferença de vencimentos mandada estender a todos os membros e servidores da Justiça do Trabalho, em Pernambuco, pela resolução impugnada, resultou de correta interpretação da legislação que disciplinou a conversão de cruzeiros reais em URV, como acima exposto.*

Considerando, entretanto, que a resolução impugnada não esclarece os limites temporais abrangidos pela diferença sob enfoque, revela-se oportuno que se lhe dê interpretação conforme à Carta, para o fim de deixar explicitado ser ela devida, aos servidores, de abril de 1994 a dezembro de 1996, e, aos magistrados, de abril de 1994 a janeiro de 1995, posto que, em janeiro de 1997, entrou em vigor a Lei n. 9.421/96 que, ao instituir as carreiras dos servidores do Poder Judiciário, fixou-lhes novos padrões remuneratórios; e, em fevereiro de 1995, os Decretos Legislativos ns. 6 e 7 (DOU de 23.1.95), que estabeleceram novas cifras para a remuneração dos Ministros de

Estado e membros do Congresso Nacional, aplicáveis aos Ministros do STF por força da Lei n. 8.448, de 21.7.92, com reflexos sobre toda a magistratura federal.

Para esse efeito, meu voto julga a ação procedente em parte."[75]

[75] Informativo STF n. 204, de 4.10.2000, pp.3-4.

PARTE VI

OUTROS TEMAS

1. ADIn

A. Contra Emenda Constitucional

Entendeu Excelso Pretório que não deve ser conhecida ADIn contra Emenda Constitucional, quando a norma atacada estiver vinculada a outros dispositivos não questionados. Foi o caso da argüição de inconstitucionalidade do art. 5º da Emenda Constitucional n. 14/96, que alterou o art. 60 do ADCT, tendo em conta que o art. 221 da Constituição não foi impugnado.

Tratam-se da ADIn n. 1.749-5-DF[76] e da ADIn n. 1.967-8-DF[77], que tiveram como relator designado para lavratura do Acórdão o Min. Nelson Jobim.

O registro do julgamento é o seguinte:

> *"Não se conhece de ação direta de inconstitucionalidade contra Emenda à Constituição quando a norma atacada estiver vinculada a outros dispositivos constitucionais não impugnados na impetração. Com esse entendimento, o Tribunal, por maioria, não conheceu de ação direta ajuizada por Partidos Políticos (PT, PDT, PC do B e PMDB) contra o art. 5º da EC 14/96 que, dando nova redação ao art. 60 do ADCT, cria o Fundo de Manutenção e Desenvolvimento do Ensino Fundamental e*

---

[76] ADIn n. 1.749-5-DF, de 25.11.1999 (Partido dos Trabalhadores — PT, Partido Democrático Brasileiro — PDT, Partido Comunista do Brasil — PC do B, Partido do Movimento Democrático Brasileiro — PMDB e Partido Verde — PV *vs.* Mesas da Câmara dos Deputados e do Senado Federal, Presidente da República e Congresso Nacional). Relator designado: Min. Nelson Jobim (Decisão aguardando publicação do v. acórdão).

[77] ADIn n. 1.967-8-DF, de 25.11.1999 (Governador do Estado do Rio de Janeiro *vs.* Presidente da República e Congresso Nacional) Relator designado: Min. Nelson Jobim (Decisão aguardando publicação do v. acórdão).

de Valorização do Magistério — FUNDEF, na forma do disposto no art. 211, da CF (não impugnado na ação direta). Vencidos os Ministros Octavio Gallotti, relator, Ilmar Galvão e Néri da Silveira, que conheciam da ação. Em seguida, o Tribunal também não conheceu de ação direta ajuizada pelo Governador do Estado do Rio de Janeiro contra dispositivos da Lei n. 9.424/96, que institui o Fundo acima mencionado."[78]

B. Emenda Constitucional. Inexistência de Violação à Constituição

A atual Constituição brasileira é demasiadamente analítica. Aborda temas que deveriam ser tratados por normas infraconstitucionais; sofreu — e continua a sofrer — freqüentes alterações, fruto de emendas que se sucedem, por vezes ao sabor de interesses pelo menos estranhos; possui inúmeros preceitos programáticos, cuja aplicação está a depender, debalde de mais de uma década de sua promulgação original, de normas regulamentadoras.

Esses aspectos são de todos sabidos e por toda a sociedade freqüentemente lembrados. No entanto, permanecem ladeados pelos que deveriam tomar à frente a missão de completar a Constituição e fazê-la real.

O caso a seguir é o indeferimento de liminar, pedida pelo Governo do Estado do Mato Grosso do Sul, na ADIn n. 2.024-2-DF, sendo relator o Min. Sepúlveda Pertence. Demonstra os limites materiais do poder constituinte derivado, tendo sido questionado o alcance do art. 40, § 13, introduzido pela Emenda Constitucional n. 20, de 15.12.1998, que tem a seguinte redação:

"Art. 40 — omissis

....

§ 13 — Aos servidores titulares de cargos efetivos da União, dos Estados, do Distrito Federal e dos Municí-

[78] Informativo STF n. 172, de 1.12.1999, p. 1.

pios, incluídas suas autarquias e fundações, é assegurado regime de previdência de caráter contributivo, observados critérios que preservem o equilíbrio financeiro e atuarial e o disposto neste artigo."

O decisum *está assim ementado,* verbis:

"I. Ação direta de inconstitucionalidade: seu cabimento — afirmado no STF desde 1926 — para questionar a compatibilidade de emenda constitucional com os limites formais ou materiais impostos pela Constituição ao poder constituinte derivado: precedente.

II. Previdência social (CF, art. 40, § 13, cf. EC 20/98): submissão dos ocupantes exclusivamente de cargos em comissão, assim como os de outro cargo temporário ou de emprego público ao regime geral da previdência social: argüição de inconstitucionalidade do preceito por tendente a abolir a "forma federativa do Estado' (CF, art. 60, § 4º, I): implausibilidade da alegação: medida cautelar indeferida.

1. A 'forma federativa de Estado' — elevado a princípio intangível por todas as Constituições da República — não pode ser conceituada a partir de um modelo ideal e apriorístico de Federação, mas, sim, daquele que o constituinte originário concretamente adotou e, como o adotou, erigiu em limite material imposto às futuras emendas à Constituição; de resto as limitações materiais ao poder constituinte de reforma, que o art. 60, § 4º, da Lei Fundamental enumera, não significam a intangibilidade literal da respectiva disciplina na Constituição originária, mas apenas a proteção do núcleo essencial dos princípios e institutos cuja preservação nelas se protege.

2. À vista do modelo ainda acentuadamente centralizado do federalismo adotado pela versão originária da Constituição de 1988, o preceito questionado da EC 20/98 nem tende a aboli-lo, *nem sequer a* afetá-lo.

3. Já assentou o Tribunal (MS 23047 — ML, pertence), que no novo art. 40 e seus parágrafos da Constitui-

ção (cf. EC 20/98), nela, pouco inovou 'sob a perspectiva da Federação, a explicitação de que aos servidores efetivos dos Estados, do Distrito Federal e dos Municípios, 'é assegurado regime de previdência de caráter contributivo, observados critérios que preservem o equilíbrio financeiro e atuarial', *assim como as normas relativas às respectivas aposentadorias e pensões, objeto dos seus numerosos parágrafos: afinal, toda a disciplina constitucional originária do regime dos servidores públicos — inclusive a do seu regime previdenciário — já abrangia os três níveis da organização federativa, impondo-se à observância de todas as unidades federadas, ainda quando — com base no art. 149, parágrafo único — que a proposta altera — organizem sistema previdenciário próprio para os seus servidores': análise da evolução do tema, do texto constitucional de 1988, passando pela EC 3/93, até a recente reforma previdenciária.*

4. A matéria da disposição discutida é previdenciária e, por sua natureza, comporta norma geral de âmbito nacional de validade, que à União se facultava editar, sem prejuízo da legislação estadual suplementar ou plena, na falta de lei federal (CF 88, arts. 24, XII, e 40, § 2º): se já o podia ter feito a lei federal, com base nos preceitos recordados do texto constitucional originário, obviamente não afeta ou, menos ainda, tende a abolir a autonomia dos Estados-membros que assim agora tenha prescrito diretamente a norma constitucional sobrevinda.

5. Parece não ter pertinência o princípio da imunidade tributária recíproca — ainda que se discuta a sua aplicabilidade a outros tributos, que não os impostos — à contribuição estatal para o custeio da previdência social dos servidores ou empregados públicos.

6. A auto-aplicabilidade do novo art. 40, § 13 é questão estranha à constitucionalidade do preceito e, portanto, ao âmbito próprio da ação direta."[79]

---

[79] ADIn n. 2.024-2-DF, medida liminar, de 27.10.1999 (Governador do Estado de Mato Grosso do Sul *vs.* Congresso Nacional). Rel.: Min. Sepúlveda Pertence (DJ n. 231-E, Seção 1, de 1.12.2000, p. 70-1).

C) Superveniência de Novo Texto Constitucional

A situação tratada no julgado a seguir é relativa à superveniência de novo texto constitucional, o que tornou prejudica a pretensão do requerente. Trata-se da ADIn 1.404-8-SC, com despacho de 13.3.2000, do Relator, Min. Marco Aurélio, com o seguinte teor:

> *"ADI — Prejuízo — Novo Texto Constitucional.*
>
> *1. Conforme ressaltado pela Procuradoria-Geral da República, a Emenda Constitucional n. 19/98 veio a emprestar ao inciso XI do art. 37 da Constituição Federal novo teor. O texto primitivo previa:*
>
> > *XI — a lei fixará o limite máximo e a relação de valores entre a maior e a menor remuneração dos servidores públicos, observados, como limites máximos e no âmbito dos respectivos Poderes, os valores percebidos como remuneração, em espécie, a qualquer título, por membros do Congresso Nacional, Ministros de Estado e Ministros de Supremo Tribunal Federal e seus correspondentes nos Estados, no Distrito Federal e nos Territórios, e, nos Municípios, os valores percebidos como remuneração, em espécie, pelo Prefeito;*
>
> *A norma em vigor preceitua:*
>
> > *XI — a remuneração e o subsídio dos ocupantes de cargos, funções e empregos públicos da administração direta, autárquica e fundacional, dos membros de qualquer dos Poderes da União, dos Estados, do Distrito federal e dos Municípios, dos detentores de mandato eletivo e dos demais agentes políticos e os proventos, pensões ou outra espécie remuneratória, percebidos cumulativamente ou não, incluídas as vantagens pessoais ou de qualquer outra natureza, não poderão exceder o subsídio mensal, em espécie, dos Ministros do Supremo Tribunal Federal.*
>
> *Nota-se a mudança ocorrida. Deu-se a explicação do cômputo de toda e qualquer parcela no cotejo a ser reali-*

zado para aferir-se a observância do teto. A superveniência de novo regramento conduz à conclusão sobre o prejuízo desta ação direta de inconstitucionalidade, tal como decidido na Questão de Ordem na Ação Direta de Inconstitucionalidade n. 1.907/DF, relatada pelo Ministro Octavio Gallotti. Na oportunidade, proclamou-se:

> *Pedido prejudicado em razão da superveniente promulgação da Emenda Constitucional n. 20-98, que alterou substancialmente o teor original do § 6º do art. 40 da Lei Fundamental.*

2. Por tais razões, nego seguimento a esta ação direta de inconstitucionalidade, tendo, assim, por prejudicado o pedido do requerente.

3. Publique-se."[80]

[80] ADIn n. 1.404-8-SC, de 13.3.2000 (Partido dos Trabalhadores — PT *vs.* Governador do Estado de Santa Catarina e Assembléia Legislativa do Estado de Santa Catarina). Rel.: Min. Marco Aurélio (DJ n. 60-E, Seção 1, de 28.3.2000, p. 9).

2. *ARBITRAGEM*

Desde sua sanção, a 23 de setembro de 1996, a Lei n. 9.307, que é a lei brasileira de arbitragem, tem tido sua constitucionalidade questionada.

Tenho sustentado reiteradas vezes não só a inexistência de qualquer ofensa ao princípio do juízo natural, insculpido no art. 5º, XXXV, da Constituição republicana em vigor, como tratar-se de pressuposto básico da arbitragem que as partes, ao recorrerem a esse excelente instrumento de solução extrajudicial heterônoma de conflitos abrem mão do juízo do Estado[81].

É certo que não seria adequado, em existindo cláusula compromissória, exigir-se da parte recalcitrante que se submeta obrigatoriamente à arbitragem. Isso vulnera o seu caráter primordialmente facultativo. Igualmente tenho demonstrado que, na tradição de nosso Direito, esse aspecto se vinha resolvendo por perdas e danos, sendo, historicamente, a cláusula compromissória considerada um *pactum de compromittendo*[82]. Excepciona-se situação que tal quando os termos da cláusula inserta no contrato forem de tal forma esclarecedores que dispensem a celebração de compromisso posterior ao conflito.

Todavia, os tempos são outros e o dispositivo está em consonância com as modernas normas internacionais que regulam o procedimento arbitral, inclusive as regras da UNCITRAL, embora, a meu ver, salvo na hipótese acima referida, ainda devesse ser considerado como no passado.

---

[81] V, *inter alia*, os meus "A arbitragem e os conflitos coletivos de trabalho no Brasil", São Paulo, LTr, 1990, e "A nova lei de arbitragem e as relações de trabalho", São Paulo, LTr, 1997.

[82] FRANCO FILHO, G. de S. "A nova lei de arbitragem ..." cit., p. 33 *passim*.

Afora isso, nada existe na Lei n. 9.307/96 que viole nosso Código Político Máximo. Deve o mecanismo ser incrementado, e com urgência, porque possui todos os traços indispensáveis à conservação da paz na sociedade, como rapidez e informalidade.

O julgamento ainda não foi concluído, mas o registro a seguir é perfeitamente oportuno, com o fim de demonstrar a quantas anda o entendimento da Suprema Corte brasileira sobre esse importante tema. Eis o registro:

> *"Retomado o julgamento de agravo regimental em sentença estrangeira em que se discute a constitucionalidade da Lei n. 9.307/96 — Lei de Arbitragem (v. Informativo 153). O Min. Nelson Jobim proferiu voto-vista no sentido de declarar constitucional a Lei n. 9.307/96, por entender que a manifestação de vontade da parte na cláusula compromissória no momento da celebração do contrato e a permissão dada ao juiz para que substitua a vontade da parte recalcitrante em firmar o compromisso não ofendem o art. 5º, XXXV, da CF ('a lei não excluirá da apreciação do Poder Judiciário lesão ou ameaça a direito;'). Em síntese, o Min. Nelson Jobim declarava constitucional na Lei n. 9.307/96: 1) o parágrafo único do art. 6º; 2) o art. 7º e seus parágrafos; 3) no art. 41, as novas redações atribuídas ao art. 267, VII e art. 301, inciso IX do Código de Processo Civil; 4) o art. 42; e, no mais, concordava com o Min. Sepúlveda Pertence, relator, no sentido de homologar o laudo arbitral no caso concreto. Após, o julgamento foi adiado em virtude do pedido de vista do Min. Ilmar Galvão."*[83]

[83] SE 5206-Espanha, de 22.11.2000 (M.B.V. Commercial and Export Management Establisment *vs.* Resil Indústria e Comércio Ltda.) Relator: Min. Sepúlveda Pertence (Informativo STF n. 211, de 29.11.2000, p. 1).

3. JUROS — TAXA DE 12%

A interpretação acerca da aplicabilidade do § 3º do art. 192 da Constituição no que tange à limitação da taxa de juros em 12% ao ano continua a suscitar dúvidas e controvérsias.

Apesar da clareza do texto constitucional, a sua auto-aplicação ainda não é admitida pelo STF[84]. A decisão proferida pelo Min. Sydney Sanches, no RE 254.518-0-RS, demonstra essa controvérsia. Ei-la a seguir, *verbis*:

"1. Trata-se de recurso extraordinário interposto pelo Banco Meridional do Brasil S/A contra acórdão do Tribunal estadual que, em grau de apelação, limitou a 12%, ao ano, a taxa de juros reais, com fundamento no art. 192, § 3º, da Constituição Federal.

2. Sustenta o recorrente ofensa à mesma norma constitucional, que seria eficácia contida, dependendo de lei complementar, ainda não editada.

3. O recurso foi admitido e processado.

4. A tese sustentada pelo acórdão recorrido está em desconformidade com o decidido pelo Plenário do Supremo Tribunal federal, no julgamento da ADI n. 04, de que fui relator, assim ementado:

'...

6. Tendo a Constituição Federal, no único artigo em que trata do Sistema Financeiro Nacional (art. 192), estabelecido que este será regulado por lei complementar, com observância do que determinado no caput, *nos seus incisos e parágrafos, não é de se*

[84] V. vol. 3, pp. 121-123, desta coletânea.

admitir a eficácia imediata e isolada do disposto em seu § 3º, sobre taxa de juros reais (12% ao ano), até porque estes não foram conceituados. Só o tratamento global do Sistema do Sistema Financeiro Nacional, na futura lei complementar, com a observância de todas as normas do caput, *dos incisos e parágrafos do art. 192, é que permitirá a incidência da referida norma sobre juros reais e desde que estes também sejam conceituados em tal diploma.*

7. Em conseqüência, não são inconstitucionais os atos normativos em questão (parecer da Consultoria Geral da República, aprovado pela Presidência da República e circular do Banco Central), o primeiro considerando não auto-aplicável a norma do parágrafo 3º sobre juros reais de 12% ao ano, e a segunda determinando a observância da legislação anterior à Constituição de 1988, até o advento da Lei Complementar reguladora do Sistema Financeiro Nacional.

8. Ação declaratória de inconstitucionalidade julgada improcedente, por maioria de votos.

...............................'

(DJU de 25.6.93, p. 12.637).

5. Adotando os fundamentos deduzidos nos votos que compuseram a maioria do Tribunal, nesse precedente, e valendo-me do disposto no art. 557, § 1º, do Código de Processo Civil, com a relação dada pela Lei n. 9.756, de 17.12.1998, conheço do recurso e lhe dou provimento, para cancelar a limitação estabelecida no acórdão recorrido.

6. Publique-se. Intimem-se as partes." [85]

---

[85] RE 254.518-0-RS, de 26.10.1999 (Banco Meridional do Brasil S/A *vs.* Ênio Adolfo Wallauer). Rel.: Min. Sydney Sanches (DJ n. 229-E, Seção 1, de 1º.12.2000, p. 45).

4. PREVIDÊNCIA SOCIAL

A. Aposentadoria. Complementação. Petrobrás

A questão relativa à complementação de aposentadoria prevista no Manual de Pessoal da Petrobrás não enseja recurso extraordinário, porquanto não restou demonstrado o prequestionamento do art. 5º, XXXVI, da Constituição. Por outro lado, na decisão que os aposentados pretendem atacar ficou assentada a inexistência de direito adquirido.

O *decisum*, de 25.5.2000, foi proferido no AI 273.277-1-BA, pelo Min. Marco Aurélio, com o seguinte teor:

> *"Complementação de aposentadoria — Petrobrás — Manual de pessoal — Normas programáticas — Prequestionamento — Agravo desprovido.*
>
> *1. A Subseção I Especializada em Dissídios Individuais do Tribunal Superior do Trabalho houve por bem manter a decisão que implicara a negativa de seguimento dos embargos pelos seguintes fundamentos:*
>
> > *'Conforme estabelece o Enunciado 332 do TST, as normas constantes do Manual de Pessoal da Petrobrás relativas à complementação de aposentadoria não resultam em direito à percepção dessa parcela por serem de caráter meramente programático. Assim, a obrigação de fazer, que teria contraído a Reclamada, cujo cumprimento buscam os Reclamantes, certamente não seria a de concessão de tal benefício, porquanto este não chegou a ser implementado, eis que o plano de complementação de aposentadoria que seria instituído pela Empresa não se concretizou, estando sua existência adstrita apenas ao cam-*

po das aspirações. Não se pode exigir a complementação de algo que não está materializado. Desse modo, não vislumbro a apontada ofensa aos arts. 894 e 896 da CLT, bem como dos arts. 1.080 e 1.512 do CC. E, quanto ao art. 5º, XXXVI, da CF/88, incólume também, porquanto não restou comprovado o direito adquirido que pretendem os Reclamantes.

Inexistente a contrariedade ao Enunciado 51/TST, uma vez que este estabelece regra quanto ao alcance, no tempo, das cláusulas regulamentares que revogam ou alteram vantagens deferidas, enquanto que, no presente caso, a questão é especificamente se essas cláusulas são meramente programáticas ou não.

A invocada contrariedade ao Enunciado 126/TST igualmente não se confirma. O Regional delineou os elementos fático-probatórios da controvérsia necessários à aplicação do Verbete 332 do TST, não redundando essa aplicação, de forma alguma, em análise daqueles elementos. Noutras palavras, a Turma limitou-se a consignar que o entendimento do Regional — de que as mencionadas cláusulas regulamentares são de caráter cogente — é contrário à jurisprudência uniforme desta Corte, sem, contudo, resolver os fatos e as provas já examinados (folha 91).'

Nas razões do extraordinário, cujo trânsito busca-se imprimir, interposto com alegada base na alínea 'a' do permissivo constitucional, articula-se com a configuração de ofensa ao art. 5º, inciso XXXVI, da Carta Política da República, bem como aos arts. 894 e 896 da Consolidação das Leis do trabalho, apontando-se divergência com a orientação do Verbete de n. 51 da Súmula da Corte de origem. Em síntese, defende-se o caráter vinculante e não meramente programático das normas inseridas no Manual de Pessoal da Agravada (folha 96 à 101).

O Juízo primeiro de admissibilidade obstou o trânsito do recurso mediante a decisão de folha 103.

A Agravada apresentou a contraminuta de folha 108 à 110.

Recebi os autos em 8 de maio de 2000.

2. Na interposição deste agravo foram observados os pressupostos de recorribilidade que lhe são inerentes. Os Agravantes providenciaram o traslado das peças previstas no art. 544 do Código de Processo Civil, e os documentos de folhas 30, 81, 82 e 104 evidenciam o recolhimento do preparo e da regularidade da representação processual. Registre-se a oportunidade da manifestação do inconformismo.

A leitura do acórdão impugnado revela que em momento algum a Corte de origem dirimiu a controvérsia, considerada a matéria constitucional veiculada no recurso extraordinário. Assim, deixou-se de atentar para o caráter indispensável do prequestionamento. Simplesmente não se tem o que cotejar com o dispositivo evocado pelos Agravantes para dizer-se do enquadramento do extraordinário no permissivo da alínea 'a' do inciso III do art. 102 da Carta Política, em cujas disposições não se inclui a competência deste Supremo Tribunal Federal para julgar recursos interpostos contra decisão que eventualmente tenha implicado vulneração a preceito de lei, tampouco conflitado com jurisprudência de outros tribunais. Este é mais um agravo que somente serve ao acréscimo da sobrecarga que vem sendo suportada pelo Supremo Tribunal Federal.

3. Porque atendidos os pressupostos de recorribilidade inerentes a este agravo, conheço do pedido nele formulado, mantendo, no entanto, a decisão que resultou na negativa de trânsito ao extraordinário.

4. Publique-se."[86]

B. Benefícios. Impossibilidade de Revisão

Examinando o RE 284.826-3-PB, o Relator, Min. Ilmar Galvão, em despacho de 29.11.2000, negou seguimento ao apelo

[86] AI 273.277-1-BA, de 25.5.2000 (Dalmo de Souza Borges e outro *vs.* Petróleo Brasileiro S/A — PETROBRÁS). Rel.: Min. Marco Aurélio (DJ n. 149-E, Seção 1, de 3.8.2000, p. 37).

extremo ao argumento de que ao recorrente não se podia aplicar a regra do art. 58, do ADCT, porque destinada apenas aos aposentados anteriormente à Constituição de 1988.

Essa é a posição dominante no STF, como já demonstrado anteriormente[87]. O decisório é o seguinte, *verbis*:

> *"Vistos, etc.*
>
> *Recurso interposto com fulcro no art. 102, III,* a, *da CF contra acórdão do Tribunal Regional Federal da 5ª Região, que, em ação de revisão de benefícios previdenciários, entendeu que a sistemática de reajuste baseada na equivalência de salários mínimos foi substituída pelos critérios previstos na regulamentação da Lei n. 8.213/91.*
>
> *Alega o recorrente violação aos arts. 5º, XXXVI, 194, IV e 201 da Carta Política, argumentando que, quando do cálculo de sua renda mensal inicial não foi preservado o valor real do seu benefício.*
>
> *Não tem razão o recorrente. O Supremo Tribunal Federal já firmou entendimento de que o art. 58 do ADCT só se aplica a benefícios concedidos anteriormente à Constituição Federal e só tem vigência a partir do sétimo mês após a sua promulgação até a implantação do Plano de Benefícios, que se deu com a edição da Lei n. 8.213/91. Ademais, o art. 201, § 2º, da Carta, na redação anterior à EC 20/98, atribui ao legislador a escolha do critério pelo qual há de ser preservado o valor real dos benefícios previdenciários.*
>
> *Assim, frente ao art. 557,* caput, *do CPC (redação da Lei n. 9.756/98) e ao art. 21, § 1º, do RI/STF, nego seguimento ao recurso.*
>
> *Publique-se."*[88]

---

[87] V. vol. 3, pp. 128-130, desta coletânea.

[88] RE 284.826-3-PB, de 29.11.2000 (Pedro Perez Lerones *vs.* Instituto Nacional do Seguro Social — INSS). Rel. Min. Ilmar Galvão (DJ n. 240-E, Seção 1, de 14.12.2000, p. 53).

C. Contribuição. Aposentados e Pensionistas

Os aposentados e pensionistas não estão obrigados a recolher contribuição previdenciária, mesmo após a edição da Emenda Constitucional n. 20, de 15.12.1998. Neste sentido, a ADInMC-2176-1-RJ, em decisão de 11.5.2000, sendo Relator o Min. Sepúlveda Pertence, *verbis:*

> *"I. Contribuição previdenciária: incidência sobre proventos da inatividade e pensões de servidores públicos (L. est. 13.309/99, do Rio de Janeiro): densa plausibilidade da argüição da sua inconstitucionalidade, sob a EC 20/98, já afirmada pelo Tribunal (ADnMC 2.010, 29.9.99).*
>
> *1. Reservado para outra oportunidade o exame mais detido de outros argumentos, é inequívoca, ao menos, a plausibilidade da argüição de inconstitucionalidade da norma local questionada, derivada da combinação, na redação da EC 20/98, do novo art. 40, § 12, com o art. 195, II, da Constituição Federal, e reforçada pela análise do processo legislativo da recente reforma previdenciária, no qual reiteradamente derrotada, na Câmara dos Deputados, a proposta de sujeição de aposentados e pensionistas do setor público à contribuição previdenciária.*
>
> *2. O art. 195, § 4º, parece não legitimar a instituição de contribuições sociais sobre fontes que a Constituição mesma tornara imunes à incidência delas; de qualquer sorte, se o autorizasse, no mínimo, sua criação só se poderia fazer por lei complementar.*
>
> *3. Aplica-se aos Estados e Municípios a afirmação da plausibilidade da argüição questionada: análise e evolução do problema.*
>
> *4. Precedentes."*[89]

---

[89] ADIn n. 2.176-1-RJ, medida liminar, de 11.5.2000 (Procurador-Geral da República *vs.* Governador do Estado do Rio de Janeiro e Assembléia Legislativa do Estado do Rio de Janeiro). Rel.: Min. Sepúlveda Pertence (DJ n. 111-E, Seção 1, de 9.6.2000, p. 22).

D. Direito Adquirido. Aposentadoria. Valor dos Proventos

A 1ª Turma do STF, no RE 243415-9-RS, relatado pelo Min. Sepúlveda Pertence, entendeu, a 14.12.1999, que o segurado tem direito à percepção de seus proventos de aposentadoria de acordo com a legislação da época em que preenchera os requisitos para o benefício, e não conforme a norma vigente aquando do requerimento. É o seguinte o julgado, *verbis:*

> *"Aposentadoria: proventos: direito adquirido aos proventos conformes à lei regente ao tempo da reunião dos requisitos da inatividade, ainda quando só requerida após a lei menos favorável (*Súmula *359, revista): aplicabilidade* a fortiori*, à aposentadoria previdenciária."*[90]

[90] RE 243.415-9-RS, de 14.12.1999 (José Carlos Marquesan *vs.* Instituto Nacional do Seguro Social — INSS) Rel.: Min. Sepúlveda Pertence (DJ n. 30-E, Seção 1, de 11.2.2000, p. 32).

5. RECURSO ADMINISTRATIVO EM DRT — MULTA

A União Federal deve efetuar recolhimento de multa para fim de ter recebido recurso administrativo. Decisão dessa natureza não vulnera a Constituição em vigor, porquanto se trata de aplicação de norma consolidada, cujo depósito prévio é pressuposto para a admissibilidade de recurso em processo administrativo.

Neste sentido, seguindo precedentes anteriores[91], a decisão do Min. Maurício Correa, de 18.2.2000, proferida no RE 260.168-3-DF, *verbis*:

> *"O Tribunal* a quo, *ao apreciar a apelação interposta pela União, assentou que a exigência de prévio recolhimento de multa para recebimento de recurso administrativo traduz ofensa ao princípio da ampla defesa consagrado no art. 5º, LV, da Constituição Federal.*
>
> *2. Inconformada, a União interpõe o presente extraordinário sustentando que a imposição de multa não consubstancia qualquer ofensa ao dispositivo constitucional mencionado, já que a garantia de instância não subtrai condições de defesa, apenas impõe o depósito como pressuposto para o recebimento, apreciação e decisão do recurso administrativo.*
>
> *3. Por outro lado, entende a recorrente que o acórdão contrariou insculpidos nos arts. 5º, II, e 37, da Lei Maior, porque a exigência encontra respaldo na doutrina e nos princípios constitucionais da moralidade administrativa, da legalidade e do poder discricionário do poder público.*

[91] V. vol. 3, pp. 132-3, desta coletânea.

4. O recurso comporta provimento. A matéria posta nestes autos encontra-se pacificada no âmbito desta Corte, como se verifica das decisões cujas ementas abaixo transcrevo:

'Extraordinário. Infração às normas trabalhistas. Processo Administrativo. Contraditório e ampla defesa. Penalidade. Notificação. Recurso perante a DRT. Exigência do depósito prévio da multa. Pressuposto de admissibilidade e garantia recursal. Afronta ao art. 5º, LV, CF. Inexistência

1. Processo administrativo. Imposição de multa. *Prevê a legislação especial que, verificada a infração às normas trabalhistas e lavrado o respectivo auto, o infrator dispõe de dez dias, contados do recebimento da notificação, para apresentar defesa no processo administrativo (art. 629, § 3º, CLT) e, sendo esta insubsistente, exsurge a aplicação da multa mediante decisão fundamentada (art. 635, CLT). Não observância do princípio do contraditório e ampla defesa: alegação improcedente.*

2. Recurso administrativo perante a DRT. Exigência de comprovação do depósito prévio. Pressuposto de admissibilidade e garantia recursal.

2.1. Ao infrator, uma vez notificado da sanção imposta em processo administrativo regular, é facultada a interposição de recurso no prazo de dez dias, instruído com a prova do depósito prévio da multa (art. 636, *§ 1º, CLT), exigência que constitui pressuposto de sua admissibilidade.*

2.2. Violação ao art. 5º, LV, CF. Inexistência. *Em processo administrativo regular, a legislação pertinente assegurou ao interessado o contraditório e a ampla defesa. A sua instrução com a prova do depósito prévio da multa não constitui óbice ao exercício do direito constitucional do art. 5º, LV, por se tratar de pressuposto de admissibilidade e garantia recursal, visto que a responsabilidade do recorrente, representada pelo auto de infração, está aferida em decisão fundamentada.*

Recurso conhecido e provido.' (RE n. 210.373-0, DJ 6.3.98, de fui Relator)

'Ementa: Recurso administrativo. Multa. Depósito prévio. O art. 636, § 1º, da CLT, que exige o depósito prévio da multa como requisito para o recebimento de recurso administrativo, foi recepcionado pela Constituição federal de 1988, inocorrendo a violação ao art. 5º, LV, da Carta.

Precedentes.

Recurso extraordinário conhecido e provido. (RE n. 235.357, DJ 9.4.99, Relator Ministro Ilmar Galvão)

5. Ante o exposto, amparado no art. 557, § 1º, do Código de Processo Civil, com a alteração promovida pela Lei n. 9.756, de 17 de dezembro de 1998, conheço do recurso e dou-lhe provimento, para cassar a segurança concedida.

Intime-se." [92]

---

[92] RE 260.168-3-DF, de 18.2.2000 (União Federal *vs.* Comercial Hospital Amazonas Ltda.). Rel.: Min. Maurício Corrêa (DJ n. 61-E, Seção 1, de 29.3.2000, p. 29).

ÍNDICE GERAL

PARTE III — DIREITO PROCESSUAL